高等职业技术院校汽车类专业

汽车涂装技术（第二版）习题册

胡小牛　主编

中国劳动社会保障出版社

简介

本习题册是高等职业技术院校汽车类专业教材《汽车涂装技术（第二版）》的配套用书。习题册内容紧扣教材的教学要求，注重基础知识的巩固和基本能力的培养，知识点分布均衡，题型丰富，难易适当，有助于学生复习巩固所学知识。

本习题册由胡小牛任主编，丁国存、丁宏伟参与编写。

图书在版编目（CIP）数据

汽车涂装技术（第二版）习题册 / 胡小牛主编. -- 北京：中国劳动社会保障出版社，2021

高等职业技术院校汽车类专业

ISBN 978-7-5167-1226-9

Ⅰ.①汽… Ⅱ.①胡… Ⅲ.①汽车 – 涂漆 – 高等职业教育 – 习题集 Ⅳ.①U472.44-44

中国版本图书馆 CIP 数据核字（2021）第 020353 号

中国劳动社会保障出版社出版发行

（北京市惠新东街 1 号　邮政编码：100029）

*

三河市华骏印务包装有限公司印刷装订　　新华书店经销

787 毫米 ×1092 毫米　16 开本　6.25 印张　147 千字

2021 年 2 月第 1 版　　2023 年 7 月第 2 次印刷

定价：15.00 元

营销中心电话：400-606-6496

出版社网址：http://www.class.com.cn

http://jg.class.com.cn

目　　录

模块一　汽车涂装与安全

任务 1　汽车涂装的认知

一、填空题

1．汽车涂装是指将涂料涂覆于经过处理的________的表面，经________的工艺。

2．已经固化了的涂料膜称为____________，由两层以上的涂膜组成的复合层称为__________。

3．汽车外表的________% 以上是涂装表面。

4．涂层的外观、__________、________等的优劣是人们对汽车质量的直观评价。

5．汽车涂装是提高汽车产品的__________和延长其__________的主要措施之一。

6．汽车用途广泛，运行环境复杂，经常会受到__________、____________、紫外线和其他酸碱性气体和液体等的侵蚀，有时会被磨、刮而造成损伤。

7．汽车涂装可以使车身表面具有一定的__________，给人以美的享受，主要体现在涂层的色彩、______、__________和外观等方面。

8．汽车涂装的标志作用由涂料的__________来体现。

二、选择题

1．下列选项中不属于汽车涂装基本要素的是（　　）。

A．涂装材料　　B．涂装工艺

C．涂装工具　　D．涂装种类

2．轿车涂层总体厚度一般控制在（　　）μm 左右。

A．80　　B．100

C．150　　D．200

3．汽车涂装是典型的（　　）涂装。

A．工业　　B．防锈

C．防腐蚀　　D．木材

4．汽车修补涂装按照涂装工艺可以分为（　　）个基本工序。

A．6　　B．5

C．8　　D．10

5．面漆调色属于（　　）工序。

A．涂装施工前准备　　B．面漆施工前准备

C．中间涂层涂装　　D．面涂层涂装

6.（　　）多用于汽车修补涂装中的凹陷填充与外形修复。

A．喷涂　　B．刮涂

C．浸涂　　D．刷涂

7．汽车涂装属于高级（　　）性涂装。

A．耐化学制剂　　B．耐热

C．耐腐蚀　　D．保护

8．新车涂装的生产节奏快，一般为（　　）。

A．几十秒至几分钟　　B．一天

C．半天　　D．1 h

9．汽车涂装的基本要素有（　　）个。

A．5　　B．7

C．8　　D．3

三、判断题

1．底涂层涂装的作用是增强车身底材与中间涂层或面涂层之间的附着力，防止底材腐蚀并提高底材的防腐蚀能力。（　　）

2．面漆喷涂前准备是汽车修补涂装中难度最大的涂装工序之一。（　　）

3．涂装工艺的选择在某种意义上来说也是涂装方法的选择。（　　）

4．汽车属于户外用品，所覆盖的涂层除对车身机体有极高的防腐蚀作用外，其自身也应具有很好的耐腐蚀性、耐候性、耐化学制剂性等，以适应不同的气候环境。（　　）

5．涂装工艺的合理性、先进性是获得优质涂层的必要条件。（　　）

6．新车制造涂装根据汽车类型和结构分为车身外表涂装、车厢内部涂装、车身骨架涂装、底盘部件涂装、发动机部件涂装和电气设备的涂装。（　　）

7．汽车涂装的基本要素包括明度、彩度、亮度等。（　　）

8．涂装材料的质量和作业配套性是获得优质涂层的基本条件。（　　）

9．涂装工艺的合理性、先进性是降低生产成本和提高经济效益的先决条件。（　　）

四、简答题

1．简述汽车涂装的保护作用。

2．汽车涂装有哪些基本要素？

3．汽车涂装有哪些新工艺？

4．现代汽车修补涂装包括哪些基本工序？

任务2 汽车涂装安全与防护处理

一、填空题

1．汽车涂料中的主要有害物质是____________________或____________。

2．汽车涂装作业使用的呼吸保护器有____________________、滤筒式呼吸保护器和____________________三种。

3．眼睛和脸部的保护器有防尘镜、____________和____________。

4．汽车涂装中常用的手套有____________、__________和____________三种。

5．常用的工作服有______________和________________两种。

6．涂装产生火灾和爆炸事故的外因有________________、________________、________________和________________。

7．衡量溶剂的爆炸危险性和易燃性时，可以从________、自燃点、蒸气密度、________、挥发性、扩散性和沸点等溶剂特性来判断。

8．粉末涂料中的粉末爆炸下限浓度为__________g/m^3。

9．环氧树脂型粉末涂料的爆炸下限浓度为__________g/m^3。

10．可燃气体和蒸气的__________不应超过下限浓度的________%。

二、选择题

1．(　　)用于除油、清洗喷枪等与溶剂直接接触的场合。

A．棉纱手套　　B．乳胶手套

C．防溶剂手套　　D．防滑手套

2．当工作服上着火时，切勿惊慌失措，应采用(　　)法灭火。

A．泡沫式灭火　　B．干粉灭火

C．水灭火　　D．就地打滚

3．调漆间内只预留存放（　　）天的涂料量，以及少量与其配套的漆料、辅料。

A．1　　B．2

C．3　　D．5

4．有机溶剂、涂料类不溶于水的燃烧类液体失火应采用（　　）灭火。

A．酸碱式灭火器　　B．泡沫式灭火器

C．沙子　　D．四氯化碳灭火器

5．长期接触（　　）会引起慢性中毒，形成白细胞减少、血小板降低、骨髓造血功能发生障碍等疾病。

A．铬　　B．铅

C．锌　　D．苯

6．调漆作业时通常使用（　　）保护呼吸系统。

A．防尘口罩　　B．滤筒式呼吸保护器

C．供气式呼吸保护器　　D．棉纱口罩

7．调漆作业时需要佩戴（　　）手套。

A．棉纱　　B．防滑

C．防溶剂　　D．乳胶

8．充满溶剂蒸气的空间在达到（　　）时遇明火就发生爆炸。

A．闪点　　B．爆炸极限

C．着火点　　D．浓度

三、判断题

1．汽车涂装绝大部分涂料及溶剂都是易燃、有毒物质。（　　）

2．电气设备失火应该用水扑灭。（　　）

3．干粉灭火器适用于扑救火源集中、泡沫容易堆积等场合的火灾。（　　）

4．防溶剂手套适用于刮涂、调色、喷涂等不直接与溶剂接触的场合。（　　）

5．泡沫式灭火器一般适用于有机溶剂、涂料类不溶于水的燃烧性液体火灾灭火。（　　）

6．稀释剂、清漆、色漆着火时可以用水浇灭。（　　）

7．调漆作业无噪声，不需要佩戴耳塞。（　　）

四、简答题

1．常见的灭火方法有哪三种？

2．简述涂装作业过程中三种常用呼吸保护器的作用和使用场合。

3．简述喷－烤漆房的安全操作规程。

4．汽车涂料中对人体有危害的物质主要有哪些？

任务3　汽车涂装车间安全与环境保护

一、填空题

1．汽车涂装车间是汽车4S店和修理厂____________最大、__________最重的区域。

2．妥善进行涂料的保管与处理，采取合理的__________，减少__________是汽车维修企业的一个永恒的话题。

3．在汽车上作业时，汽车的__________必须处于有效的制动位置，以防止__________。

4．汽车涂装车间所用的电气设备都应有__________，电源应设在____________以外。

5．可以通过选择______________的涂料及______________来降低涂料中有机溶剂的使用。

6. 常见的废气处理方法有________________、催化燃烧法、______________和直接燃烧法等。

7. 催化燃烧法是利用催化剂使废气中的__________在较低温度下氧化分解成________和________，使废气净化。

8. 直接燃烧法是将含有________________的混合气直接燃烧生成水和二氧化碳，放出的热量还可用于____________，是一种经济简便的废气处理方法。

9. 涂料仓库的电器设备必须由持有合格证的电工进行________、检查和____________，电工应当严格遵守各项电器操作规程。

10. 要消除汽车涂料仓库的安全隐患，提高环保效能，可以从____________、涂料管理、__________三个方面来进行。

二、选择题

1. 供涂装车间、调漆房和涂料仓库用的消防灭火用具，每（　　）m^2 应保证有两个泡沫式灭火器、一个容积为 0.3 ~ 0.5 m^3 的沙箱、一套石棉衣和一把铁铲。

A. 30　　B. 40

C. 50　　D. 60

2. 利用活性炭作为物理吸附剂，将有机物吸附在活性炭表面，使废气净化的方法称为（　　）。

A. 活性炭吸附法　　B. 催化燃烧法

C. 液体吸附法　　D. 催化转化法

3. 涂料仓库内应保持干燥、阴凉和通风，切忌烈日暴晒。库房内的温度一般保持在 18 ~ 25 ℃，相对湿度一般保持在（　　）。

A. 15% ~ 25%　　B. 35% ~ 55%

C. 55% ~ 75%　　D. 75% ~ 85%

4. 用吸收液吸收废气中的有机溶剂而使废气得到净化的方法称为（　　）。

A. 活性炭吸附法　　B. 催化燃烧法

C. 液体吸附法　　D. 催化转化法

5. 根据隔离储存要求确定储存数量和间距，平均单位面积储存量要小于（　　）t/m^2。

A. 0.5　　B. 1

C. 1.5　　D. 2

6. 一般涂料储存不能超过（　　）年。

A. 1　　B. 2

C. 3　　D. 4

7. 下列选项中，不属于汽车修补涂装产生的废弃物的是（　　）。

A. 废涂料　　B. 废溶剂

C. 废机油　　D. 废渣

8. 切勿在蓄电池附近进行打磨作业，以防蓄电池放出的（　　）爆炸。

A. 氧气　　B. 氮气

C. 氢气　　D. 废气

9．若在剩余涂料中发现结皮和粗粒时，应用（　　）目的铜滤网过滤后才可以使用。

A．80 ~ 100　　B．120 ~ 180

C．180 ~ 240　　D．240 ~ 300

三、判断题

1．用散装容器运送易燃溶剂时要特别小心，溶剂桶应离地，以防静电而引起火灾。（　　）

2．刚进厂的车辆可以马上进行作业，但要注意别被排气管和散热器等灼热物烫伤。（　　）

3．任何擦拭过溶剂的抹布、纸等废料必须统一储存在金属容器内，以免引起火灾。（　　）

4．用于喷涂的涂料必须存放在金属柜中。（　　）

5．应经常注意焚烧炉内的燃烧状况、炉内温度和废弃物投入炉内的均一性，否则异常燃烧会产生恶臭和黑烟，甚至发生爆炸事故。（　　）

6．废弃物如果不进行处理就随意丢弃，会对自然环境造成一定的危害。（　　）

7．涂装车间的门应开在离外出口最近的地方，而且门要朝外开；通向安全门的通道要保持关闭。（　　）

8．焚烧时产生的粉尘对大气有污染，必须设置静电除尘装置或抽引式洗涤器。（　　）

9．涂料与稀释剂开罐时不能用金属器械敲击，以免产生火花，造成火灾。（　　）

四、简答题

1．涂装车间车辆的安全管理有哪些规定？

2．为了减少有机物的排放，涂装车间可以采取哪些措施？

3．应该怎样配备汽车涂料仓库的设施？

4．汽车涂装车间废气的处理方法有哪些？

5．汽车涂装作业产生的废弃物有哪些？焚烧处理时有哪些注意事项？

模块二　涂装施工前准备

任务 1　车身修补涂装工艺的确定

一、填空题

1．车身表面清洗常用的工具有__________、__________和标准洗车海绵等。

2．车身修补涂装工艺的选择一般从涂膜损伤的部位、__________、车身凹陷的情况、颜色匹配的要求和__________几个方面综合考虑。

3．常用评估车身表面损伤程度的方法有__________、触摸评估法和__________三种。

4．车身涂层修补工艺按照修补的面积不同可分为__________、__________和整车重涂。

5．一般情况下，涂膜损伤范围在________cm^2 以内或小凹坑的直径在________cm 范围内，采用点修补工艺。

6．车身表面清洁的方法是，将干净毛巾蘸上除油剂在待修补区域擦拭，除去车身表面的________、污垢、石蜡和__________。

7．在用直尺评估时，损坏件如果有凸出部分，将影响评估操作，此时可用__________或__________将凸起的区域敲平或稍稍低于正常表面。

8．若车身板件没有凹陷，一般采用________修补工艺。

9．板件凹陷直径在________cm 范围内，需要刮涂原子灰，可以采用________工艺解决。

10．如果凹陷面积较大，底色漆__________修补完成后面积会较大，则__________工艺是最好的解决方法。

二、选择题

1．（　　）是指根据光照射板件的反射情况，评估损伤的程度及受影响面积的大小。

A．目测评估法　　B．触摸评估法

C．直尺评估法　　D．损伤评估法

2．若待清洗表面有（　　），则需要用砂纸打磨待修补表面。

A．无机化合物　　B．卤素化合物

C．硅酮类化合物　　D．碱性化合物

3．（　　）底色漆不适于在小范围采用点修补工艺。

A．深颜色　　B．白颜色

C．红颜色　　D．浅颜色

4．点修补是指车身划伤面积一般在（　　）cm^2以内的车身修补涂装工艺。

A．5　　B．10

C．15　　D．20

5．凹凸不平车身表面的损坏不能用（　　）来评估。

A．目测评估法　　B．触摸评估法

C．直尺评估法　　D．以上都是

6．用软海绵蘸取清洗液擦洗车身，应该先擦洗（　　）。

A．车顶　　B．车身

C．车前　　D．车后

7．（　　）是指车身部件损伤经钣金修复后，对车身局部部件进行大面积修补涂装，或损坏部件更换新件后进行的涂装处理。

A．整车修补　　B．局部部件修补

C．点修补　　D．过渡喷涂

三、判断题

1．正确评估车身的损伤程度是确定汽车修补涂装工艺的前提，也是保证涂装质量的关键因素之一。（　　）

2．车身待修补区域清洁的目的是除去车身表面的油脂、污垢、石蜡和硅酮抛光剂，提高涂膜的附着力。（　　）

3．若清洗硅酮类化合物，在擦干后要用500#或600#砂纸打磨表面。（　　）

4．目测评估要在强光下进行。（　　）

5．所有汽车修补涂装工艺几乎相同。（　　）

6．整车重涂是指面漆经多年使用后，涂膜老化，以及汽车大修后进行的整车翻新。（　　）

7．铝材表面附着力小，必须进行脱脂、蚀洗、酸洗和粗化处理，然后才能进行底涂层、中间涂层和面涂层涂装等工艺。（　　）

8．车身板件没有凹陷，一般采用局部修补。（　　）

9．保险杠局部修补加整体罩光的修补工艺是：清洁、除油→打磨、除旧漆→喷涂塑料底漆→刮涂原子灰→施涂中涂底漆→局部补漆→整个保险杠罩光。（　　）

四、简答题

1．什么是目测评估？目测评估时应注意什么？

2. 车身修补涂装工艺的选择要考虑哪些因素?

3. 应如何根据涂膜损伤的部位确定修理工艺?

4. 应如何根据车身颜色确定修补涂装工艺?

任务 2　原涂层材料的鉴别

一、填空题

1. 涂料是涂装于____________，形成具有保护、________或特殊性能的固态涂层的液体材料或固体材料的总称。

2. 现代汽车涂料大多为________涂料。

3. 按照施工方法不同，涂料可分为________、________、烘干漆和________等。

4. 双组分反应型和________涂料干燥后形成的涂膜硬度高，________________涂料涂膜的硬度低。

5. 车身原涂层涂料类型的鉴别方法有打磨法、__________________、加热处理法、________________、电脑检测仪法等。

6. 颜料的作用是赋予__________，遮盖基底，改善__________，增强装饰及保护效果。

7. 根据功能分类，颜料可分为____________、体质（填充）颜料、____________及特殊效果颜料等。

8. 溶剂按照其作用不同可分为__________、助溶剂和__________三类。

9. 溶剂的主要作用是__________、__________树脂。

10. 按是否含有颜料，涂料可分为__________、________和含大量体质颜料的原子灰。

二、选择题

1. 涂料最基本的组成物质是（　　）。

   A. 树脂　　B. 颜料

   C. 溶剂　　D. 添加剂

2. 着色颜料是指底漆或面漆中提供（　　）的部分。

   A. 有机物　　B. 保护

   C. 颜色　　D. 装饰

3. 在涂料的组成中，（　　）决定涂料的性能。

   A. 树脂　　B. 颜料

   C. 溶剂　　D. 添加剂

4. 按照涂料中主要成膜物质的不同，涂料可分为（　　）类。

   A. 15　　B. 17

   C. 16　　D. 18

5.（　　）法是目前修补涂装中最为便捷的方法。

   A. 打磨　　B. 溶剂处理

   C. 测量硬度　　D. 电脑检测仪

6. 按涂料在涂膜中所起的作用不同，可将其分为底漆、衬漆、面漆和（　　）等。

   A. 环氧底漆　　B. 中涂底漆

   C. 清漆　　D. 原子灰

7. 涂料的命名可用“颜色或颜料名称 +（　　）的名称 + 基本名称”表示。

   A. 涂层要求　　B. 固化方式

   C. 溶剂　　D. 成膜物质

8. 汽车修补涂装中常用的添加剂有帮助稳定涂料储存，防止涂料沉淀的（　　）。

   A. 真溶剂　　B. 防沉淀剂

   C. 稀释剂　　D. 助溶剂

三、判断题

1. 颜料是白色或有色固体粉末，溶于水及有机溶剂，是不挥发的成膜物质之一。（　　）

2. 从来源分，树脂可分为天然树脂和合成树脂。（　　）

3. 涂料可分为氧化聚合型漆、双组分反应型漆、烘烤聚合型漆和溶剂挥发型漆等。（　　）

4. 体质颜料的作用是改进涂料的化学性能。（　　）

5. 喷涂金属板件时，一般应选用具有较强的防锈能力及良好的附着力的涂料。（　　）

6. 选择涂料时，应考虑各层涂料含油度、流平性及涂膜硬度的一致性，以防止涂层产

生凹凸不平、流挂、龟裂、起皱及橘皮等现象。 ( )

7．在选用汽车修补面漆时，主要考虑的是颜色是否一致。 ( )

8．不同涂料使用的溶剂不同，不能混用。 ( )

四、简答题

1．涂料的基本组成包括哪几部分?

2．溶剂的作用是什么?

3．重新喷涂过的汽车可以用哪些方法来判断涂膜类型?

4．常用的汽车涂料有哪几种分类方法?

任务3　表面预处理

一、填空题

1. 常用手工清除工具主要有__________、尖尾锤、毛刺刮刀、__________、________和__________等。

2. 旧涂膜机械清除工具包括____________、喷丸机和____________等。

3. 车身表面预处理常用的材料有砂轮、__________、__________和__________等。

4. 去除剂和清洁剂包括除锈水、__________、__________和____________等。

5. 对裸露塑料板件的表面处理步骤包括脱脂处理、________、退火处理和________。

6. 旧漆层常用的除漆方法有__________、喷砂和__________。

7. 喷丸机在清除旧漆层或铁锈困难时可使用粒度为______甚至______的砂纸。

8. 砂纸的粗、细是由磨料颗粒的__________决定的。

9. 除油剂包括____________除油剂、化学除油剂和______________三种。

10. 磷化底漆一般按照________的比例进行调配。

二、选择题

1. 在打磨羽状边时，一般采用（　　）干磨砂纸。

A．80#　　B．120#

C．180#　　D．240#

2. 车身表面预处理常用砂纸的型号有60#、80#和（　　）三种。

A．30#　　B．50#

C．120#　　D．240#

3. 在底材上进行脱脂擦洗时，每次擦洗面积为（　　）m^2。

A．0.1 ~ 0.2　　B．0.2 ~ 0.3

C．0.3 ~ 0.4　　D．0.4 ~ 0.5

4. 为了形成一个精心打磨的原子灰过渡区域，羽状边宽度应为（　　）mm。

A．20 ~ 50　　B．20 ~ 30

C．30 ~ 50　　D．40 ~ 60

5. 打磨机向左右移动时，打磨机砂轮左上方的（　　）处对准加工表面。

A．1/4　　B．1/2

C．1/3　　D．2/3

6. 涂抹金属转换剂时，应让金属干燥（　　）min，然后再用水冲洗，用干净抹布擦干。

A．1 ~ 3　　B．2 ~ 5

C．5 ~ 7　　D．6 ~ 10

7. 打磨机多采用双作用打磨机，使用的磨头是硬磨头，使用的砂纸粒度一般为

（　　），打磨时所用气压一般为（　　）kPa。

A．80# ~ 180#　600 ~ 800　　B．80# ~ 120#　500 ~ 600

C．80# ~ 120#　600 ~ 700　　D．120# ~ 180#　600 ~ 700

8．使用气动打磨机打磨时，应以（　　）角置于待加工表面。

A．4° ~ 6°　　B．5° ~ 8°

C．10° ~ 15°　　D．5° ~ 10°

9．除油脱脂处理时，将含铬的酸性溶液涂在镀锌金属表面上，处理（　　）min 左右，生成一层无色、黄色或橄榄色的无机铬酸盐膜。

A．1　　B．5

C．3　　D．4

三、判断题

1．轨道式打磨机主要用于粗打磨面积较大的区域。（　　）

2．气动打磨机主要用于打磨毛刺、清除旧涂层、修整焊缝等手工难以打磨的部位。（　　）

3．单作用打磨机的运动轨迹是简单的圆周运动。（　　）

4．采用喷砂法清除旧涂层对于特定类型的车身结构才有用。（　　）

5．喷丸机使用的砂纸粒度为 100#。（　　）

6．塑料件本身就具有耐腐蚀性和装饰性，因此无须进行表面处理。（　　）

7．涂装表面预处理应根据被涂物的用途、材质、要求和表面状况，采取与之相适应的处理方法。（　　）

四、简答题

1．如何选择车身表面预处理的方法？

2．喷丸机的工作原理是什么？

3. 如何对待修补的板件进行清洁？

4. 简述羽状边的打磨方法。

模块三　底涂层涂装

任务 1　底漆的选用与调制

一、填空题

1. 底漆具有增强金属表面与原子灰、原子灰与面漆之间的________，防止金属表面氧化腐蚀，提高金属__________能力的作用。

2. 二道底漆具有良好的__________，但其________较差。

3. 车身常用底漆有____________、____________、________________、聚氨酯底漆和________________等。

4. 塑料制品的涂装是为了提高外表的__________，但因塑料的材质、性能、软硬等不同，除部分品种外，一般不耐__________。

5. ________是一种新型的防锈涂料，将其直接刷涂在带锈的钢铁表面，可抑制__________。

6. 带锈底漆有__________、__________和____________三种形式。

7. 环氧树脂底漆简称__________，是__________防腐底漆的代表。

8. 二道底漆具有最高的颜料含量，它的功能是填塞________、________等。

9. 塑料底漆的作用主要是增强塑料__________和面漆层的____________。

10. 环氧底漆使用________________作为固化剂，这类固化剂对人体和皮肤有一定的__________，因此在使用时要加以注意。

二、选择题

1. 普通底漆根据其使用目的不同分为头道底漆、二道底漆、(　　)等。

A. 环氧底漆　　B. 表面封闭底漆

C. 醇酸底漆　　D. 聚氨酯底漆

2. (　　)在现代汽车涂装中最为多见。

A. 醇酸底漆　　B. 硝基底漆

C. 环氧底漆　　D. 聚氨酯底漆

3. (　　)以聚乙烯醇缩丁醛树脂为主要成膜物质。

A. 醇酸底漆　　B. 聚氨酯底漆

C. 硝基底漆　　D. 磷化底漆

4. (　　)使面层涂料丰满，并可防止产生失光、斑点等现象发生。

A. 丙烯酸树脂底漆　　B. 环氧底漆

C．头道底漆　　D．表面封闭底漆

5．（　　）具有极强的黏结力和附着力。

A．磷化底漆　　B．环氧底漆

C．醇酸底漆　　D．氨基底漆

6．快干无铬环氧底漆是双组分底漆，根据说明书，其调制比例为（　　）。

A．4∶1　　B．3∶1

C．2∶1　　D．1∶1

7．带锈底漆可使厚度在（　　）μm 以下的铁锈转变为具有保护功能的薄膜。

A．20　　B．50

C．80　　D．100

8．调配好的磷化底漆的黏度应为（　　）s。

A．16 ~ 18　　B．14 ~ 16

C．17 ~ 20　　D．22 ~ 26

三、判断题

1．调配好的磷化底漆必须在 24 h 内用完。（　　）

2．涂料在开盖前，应将涂料桶倒置并进行摇晃，使涂料混合均匀。（　　）

3．调配好的快干无铬环氧底漆必须在 4 h 内用完。（　　）

4．底漆与底材应有良好的附着性，并与中间涂层或面涂层有良好的结合力。（　　）

5．底漆应具有填平纹路、针眼和孔洞的作用，并具有良好的打磨性能。（　　）

6．环氧底漆不具有良好的电绝缘性，但其耐久性、耐热性良好。（　　）

7．磷化底漆的调制比例为 4∶1，即 4 份磷化液加 1 份底漆。（　　）

8．涂料过滤的目的只是防止喷枪的堵塞。（　　）

9．稀释率为 25%，表示 4 份涂料用 1 份稀释剂稀释。（　　）

10．涂布磷化底漆可代替对金属表面的磷化处理工序，使用方便。（　　）

四、简答题

1．什么是底漆？底漆的作用是什么？

2．简述环氧底漆的作用、组成和性能。

3．涂料过滤的作用是什么？

4．底漆的选用原则有哪些？

任务2　空气喷枪的使用

一、填空题

1．空气喷枪内的密封圈、弹簧、________和________必须定期更换。

2．空气喷枪是汽车修补涂装的____________，空气喷枪________的好坏对修补涂装的________影响很大。

3．喷枪主要由空气帽、________、针阀、__________、空气阀、调节旋钮和________等组成。

4．空气喷枪的空气帽上有三个小孔，分别为中心孔、____________和____________。

5．空气喷枪按照涂料的供给方式分类，可分为________________、________________和压力进给式喷枪。

6．专用空气喷枪有________________、带搅拌器的空气喷枪、________________和微型空气喷枪四种。

7. 环保型空气喷枪又称为__________喷枪，意为高流量低气压式空气喷枪，即使用大量空气在低气压下将__________成低速的小液滴。

8. 应严格按照涂料产品说明书所提供的__________调整空气喷枪的压力。最佳的喷涂压力是指能使涂料获得__________的最低空气压力。

9. 空气压力调节阀用于喷涂压力的调整，顺时针转动调节阀喷涂压力________，逆时针转动调节阀喷涂压力__________。

10. 喷幅搭接是指前后两次喷幅____________的大小，一般重叠区域为幅宽的________________。

二、选择题

1. 涂料雾化可分为（　　）个阶段。

A. 1　　B. 2

C. 3　　D. 4

2. 如果需喷涂的长度大于（　　）mm，就需要分段喷涂。

A. 600　　B. 400

C. 900　　D. 1 000

3. 环保型喷枪涂料的利用率为（　　）。

A. 20% ~ 30%　　B. 50% 以下

C. 65% 以上　　D. 80% 以上

4. 当涂料流量调节旋钮关上时，喷雾的形状是（　　）。

A. 圆形　　B. 椭圆形

C. 长方形　　D. 菱形

5. 普通喷枪的喷涂距离为（　　）mm。

A. 50 ~ 100　　B. 100 ~ 200

C. 150 ~ 200　　D. 200 ~ 300

6. 喷枪的辅助孔越多，其空气排量越（　　），油漆雾化越（　　）。

A. 大　差　　B. 小　差

C. 小　好　　D. 大　好

7. 喷枪的移动速度应保持在（　　）mm/s 范围内。

A. 100 ~ 200　　B. 200 ~ 300

C. 300 ~ 600　　D. 600 ~ 1 000

8. 分段喷涂中，每次喷涂应有（　　）mm 的“湿边缘”重叠。

A. 50　　B. 100

C. 150　　D. 200

三、判断题

1. 在喷涂过程中若需暂停工作，应将空气喷枪头浸入溶剂中。（　　）

2. 要根据涂料的施工黏度、喷涂距离等来确定空气喷枪的移动速度。（　　）

3. 如果流挂中间多而两侧少，是由于喷束太宽或出漆量太小造成的。（　　）

4．环保型空气喷枪的喷涂距离为 130 ～ 200 mm。（ ）

5．环保型空气喷枪工作时非常安静，但工作效率低。（ ）

6．传统空气喷枪主要利用高压气体将涂料“吹”成小液滴，在这一过程中将产生大量的喷雾，会出现喷雾反弹和“回喷”现象。（ ）

7．若在空气喷枪静止时扣动扳机会产生过喷现象。（ ）

8．双嘴空气喷枪采用了将涂料的两种组分在枪体内混合的方式喷出，无须在喷涂前将涂料预先混合均匀。（ ）

9．重力进给式空气喷枪适用于较稀涂料的喷涂。（ ）

四、简答题

1．空气喷枪的调整包括哪些内容？

2．简述空气喷枪的工作原理。

3．常见的空气喷枪有哪些类型？

4. 使用空气喷枪时有哪些注意事项？

任务 3　压缩空气供给系统的使用

一、填空题

1. 压缩空气供给系统一般由__________、_________、空气压力调节和处理装置、空气输送装置及各种辅助元件等组成。

2. 空气压缩机是一种以________为动力，将空气压缩成________的机械。

3. 空气压缩机按工作原理不同可分为__________、膜片式、__________及“Z”旋转螺杆式四种。

4. 空气压缩机按压缩的次数不同可分为__________、双级和__________三种。

5. 空气压缩机按固定方式不同可分为________和________两种。

6. 活塞式空气压缩机由曲轴箱、气缸、________、活塞组件、________、空气滤清器、________________及附属装置等组成。

7. 活塞式空气压缩机的工作原理：活塞由__________机构驱动向下移动，气缸内部形成________，外界空气在大气压力的作用下打开进气阀片进入气缸内，同时出气阀片关闭。

8. 活塞式空气压缩机的活塞由__________移动到__________完成了进气行程。

9. 调整压力开关的弹簧弹力，可以改变________断开和接通电源时的____________。

10. 空气压缩机的自动控制装置包括__________和__________两大元件。

二、选择题

1. 空气压缩机应置于空气流动、干净、(　　)的地方。

A. 常温　　B. 潮湿

C. 阴凉　　D. 炎热

2. 空气压缩机不要在空气污浊、(　　)及溶剂蒸发量大的环境下工作。

A. 空气流动　　B. 尘土飞扬

C. 潮湿　　D. 干燥

3. 当储气罐内的压力达到（　　）值时，自动卸荷器开启，储气罐内的压缩空气排向大气。

A. 最大　　B. 最小

C. 0　　D. 平均

4.（　　）是利用空气压力控制电源开闭的开关。

A. 自动卸载器　　B. 压力开关

C. 排污阀　　D. 安全阀

5. 空气处理装置能消除压缩空气中直径大于 0.1 μm 的颗粒，水净化率可以达到（　　）%，油污净化率可以达到 99.99%。

A. 100　　B. 50

C. 20　　D. 90

6. 空气压缩机使用（　　）h 后要更换润滑油。

A. 100　　B. 300

C. 60　　D. 500

7. 若使用金属滤芯，（　　）h 后应对其进行清洗，且在清洗完成后应使用压缩空气将其吹干。

A. 1　　B. 60

C. 250　　D. 500

8. 夏季一般使用（　　）号空气压缩机油。

A. SH-19　　B. SH-13

C. SH-11　　D. SH-15

9. 储气罐排污，一般每两班或（　　）h 进行一次。

A. 8　　B. 16

C. 24　　D. 32

三、判断题

1. 为了保证安全阀工作正常，每三个月必须检查一次。（　　）

2. 空气压缩机控制装置的作用是自动控制空气压缩机的工作，使储气罐内的压力高于规定的范围。（　　）

3. 储气罐的作用是把空气压缩机产生的高压气体储存起来。（　　）

4. 空气压缩机若使用纸质空气滤芯，可不用更换。（　　）

5. 使用过程中应时刻注意空气压缩机的工作情况，如有异响应立即停机检查。（　　）

四、简答题

1. 简述活塞式空气压缩机的组成。

2．简述活塞式空气压缩机的工作原理。

3．简述储气罐安全阀排气压力的调整方法。

4．使用空气压缩机时有哪些注意事项？

任务4　底漆的喷涂

一、填空题

1．金属底漆喷涂，钢板只需要薄喷一层________即可，铝合金板材则需要喷涂含有__________的底漆进行钝化处理。

2．底漆在常温下干燥一般需要___________min，强制干燥须先静置5 ~ 10 min，然后在______℃下烘烤 30 min 即可。

3．底漆采用环保型空气喷枪喷涂时，应选用__________mm 口径的底漆空气喷枪，喷涂压力一般为____________kPa。

4．底漆喷涂采用薄喷的方法，一般喷涂 1 ~ 2 遍，间隔时间为__________min，底漆涂膜的总体厚度为__________μm。

5．涂膜表面打磨一般用________________作为指导层，原子灰打磨用________作为指导层。

6．金属转换剂的作用是增强__________，也可以用________取代金属转换剂对金属表面进行处理。

7．对于镀锌板等底材通常不用喷涂__________，直接喷涂__________即可。

8．底漆喷涂之前，先将需要喷涂的区域用清洁剂清洁干净，去除__________、蜡脂及灰尘，经适当________后再进行喷涂。

9．指导层的颜色以反差大一些为好，尽量使用______、灰、______等容易遮盖的颜色。

10．塑料件在喷涂时需要使用专用的塑料底漆，首先用塑料专用清洁剂清洁塑料件表面，然后用________________mm 口径的喷枪喷涂 1 ~ 2 遍，间隔时间为________________min。

二、选择题

1．底漆涂膜的总体厚度一般为（　　）μm。

A．20 ~ 30　　B．30 ~ 35

C．35 ~ 40　　D．40 ~ 50

2．底漆在（　　）下干燥一般需要 45 ~ 60 min。

A．常温　　B．强制

C．恒温　　D．升温

3．对于铝合金板材喷涂需要进行（　　）。

A．钝化处理　　B．磷化处理

C．防锈处理　　D．粗化处理

4．涂膜完全干燥、凝固后，用（　　）干磨砂纸配合打磨机打磨。

A．120# ~ 180#　　B．240# ~ 360#

C．120# ~ 240#　　D．240# ~ 400#

5．将适量的金属转换剂倒入容器中，用刷子涂抹在金属表面上，让金属转换剂干燥（　　）min，然后再用清水冲洗。

A．3 ~ 5　　B．2 ~ 4

C．2 ~ 5　　D．1 ~ 3

6．涂过磷化底漆后的发动机舱盖，在（　　）℃的条件下，须经过 2 h 才能进行其他涂层的施工。

A．10　　B．30

C．20　　D．15

7．在发动机舱盖表面涂上去蜡除油剂，趁除油剂未干时马上用干净的抹布擦拭干净，每次处理的面积为（　　）cm^2。

A．20 ~ 30　　B．10 ~ 20

C．30 ~ 40　　D．5 ~ 10

8．侵蚀性底漆的涂膜厚度一般为（　　）μm。

A．30　　B．20

C．15　　D．10

三、判断题

1．漆面打磨一般采用炭粉作为指导层。（　　）

2．对小部分裸露金属的处理可以适当简化，不必喷涂侵蚀性底漆。（　　）

3．塑料件在喷涂底漆时需要使用专用的塑料底漆。（　　）

4．如果磨穿了底漆层，则需要对磨穿部位重新喷涂底漆。（　　）

5．隔绝底漆以硝基树脂型居多。（　　）

6．侵蚀性底漆一般不单独使用。（　　）

7．镀锌板可直接喷涂隔绝底漆。（　　）

8．如果在底涂层上直接进行面漆的喷涂，则需要喷涂得厚一些。（　　）

9．不能用洗涤底漆取代金属转换剂对金属表面进行处理。（　　）

四、简答题

1．底漆施工包括哪些基本工序？

2．应该怎样喷涂塑料底漆？

3．简述发动机舱盖表面磷化处理的步骤。

4．简述底漆喷涂的一般步骤。

模块四　中间涂层涂装

任务 1　原子灰的选用

一、填空题

1. 原子灰是一种______状或______状的涂料，它容易干燥，干燥后坚硬，适合打磨。
2. 原子灰由__________、________、__________和填充材料等组成。
3. 现在常用的原子灰树脂有__________和____________等。
4. 原子灰的种类很多，车身常用原子灰有普通原子灰、合金原子灰、____________、____________和____________等。
5. 汽车修补涂装中使用的原子灰有________、烘干型及__________等。
6. 硝基原子灰的特点是____________、____________和易打磨。
7. 原子灰选用不当会导致涂层________、__________和________等缺陷。
8. 原子灰多为________产品，需要加入________后方能干燥固化。
9. 环氧树脂型原子灰具有良好的__________、耐水性和____________________。
10. 幼滑原子灰是一种快干原子灰，也称填眼灰，有________分的也有________分的，以单组分产品较为常见。

二、选择题

1. 硝基原子灰一次刮涂厚度必须小于（　　）mm。

   A. 10　　B. 1.5

   C. 0.2　　D. 0.3

2. （　　）原子灰主要用于填补极其微小的凹坑和砂眼。

   A. 硝基　　B. 过氯乙烯

   C. 环氧树脂型　　D. 聚酯

3. （　　）原子灰具有良好的附着力，但涂层坚硬不易打磨。

   A. 硝基　　B. 过氯乙烯

   C. 环氧树脂型　　D. 聚酯

4. 过氯乙烯原子灰的性能是（　　）。

   A. 干燥速度快、耐油性好、附着力强　　B. 附着力强、干燥速度快、耐热性好

   C. 耐腐蚀性好、干燥速度快、耐油性好　　D. 干燥速度快、耐油性好、防锈性好

5. 环氧原子灰一次刮涂厚度应小于（　　）mm。

   A. 1　　B. 0.5

C．0.3　　D．0.8

6．一般硝基原子灰的干燥时间为（　　）h。

A．1 ~ 2　　B．0.5 ~ 1

C．2 ~ 2.5　　D．1.5 ~ 2.5

7．氨基原子灰的干燥收缩量为（　　）。

A．5% ~ 10%　　B．10% ~ 15%

C．10% ~ 20%　　D．20% ~ 25%

8．油性原子灰的干燥时间为（　　）h。

A．3 ~ 4　　B．4 ~ 5

C．5 ~ 6　　D．6 ~ 8

三、判断题

1．原子灰中的颜料以体质颜料为主要物质，配以少量的着色颜料。（　　）

2．腻子一般采用油基漆作为黏结剂。（　　）

3．幼滑原子灰干燥时间很短，干后较软，易于打磨。（　　）

4．塑料原子灰不能适应水磨。（　　）

5．醇酸原子灰常用于砂眼、凹坑的填补。（　　）

6．体质颜料能提高原子灰的弹性、抗裂性、硬度以及施工性能等。（　　）

7．普通原子灰适用于镀锌板、不锈钢板、铝板和经磷化处理的裸金属表面。（　　）

8．幼滑原子灰是单组分硝基原子灰的一种。（　　）

四、简答题

1．原子灰的作用是什么？

2．什么是幼滑原子灰？幼滑原子灰有什么特点？

3．简述合金原子灰的使用场合。

4. 环氧树脂型原子灰具有哪些特性?

任务 2　原子灰的刮涂与打磨

一、填空题

1. 常用的原子灰刮涂工具有________、混合板、________、调拌原子灰盒和原子灰托板等。

2. 原子灰打磨工具可分为__________工具和__________工具。

3. 气动打磨机有________________、双作用打磨机和________________等。

4. 车身常用的打磨材料有__________和________________。

5. 原子灰表面质量的检查与修补包括________________、缺陷的修补、清除________等内容。

6. 常用原子灰刮板有____________和____________等。

7. 钢片刮板由__________和刀板组成，刀板要求__________。

8. 橡胶刮板采用________、耐溶剂的__________制成，其外形尺寸和形状根据需要确定。

9. 橡胶刮板有很好的__________，适用于刮涂形状复杂的表面，尤其是刮涂______、沟槽等处时特别适用。

10. 原子灰打磨后的检测方法有__________、水膜法和____________等。

二、选择题

1. 原子灰与固化剂一般以（　　）的比例混合。若固化剂过多，干燥后就会开裂。

A. 100 : 1 ~ 100 : 2　　B. 100 : 2 ~ 100 : 3

C. 100 : 3 ~ 100 : 4　　D. 100 : 5 ~ 100 : 6

2. 原子灰与原有漆层接合处要磨出羽状边，羽状边的宽度一般为（　　）mm。

A. 10 ~ 20　　B. 10 ~ 30

C. 20 ~ 30　　D. 10 ~ 30

3. 清除涂料时应选用（　　）砂纸。

A. 60# ~ 80#　　B. 120# ~ 240#

C. 320# ~ 600#　　D. 1 000# ~ 2 000#

4. 打磨羽状边时应选用（　　）砂纸。

A. 60# ~ 80#　　B. 120# ~ 240#

C. 320# ~ 600#　　D. 1 000# ~ 2 000#

5. 打磨中涂底漆和良好的旧涂膜时应选用（　　）砂纸。

A. 60# ~ 80#　　B. 120# ~ 240#

C. 320# ~ 600#　　D. 1 000# ~ 2 000#

6. 在施涂面漆以后的表面上清除颗粒或消除打磨痕迹时应选用（　　）砂纸。

A. 60# ~ 80#　　B. 120# ~ 240#

C. 320# ~ 600#　　D. 1 000# ~ 2 000#

7. 混合好的原子灰在 20 ℃条件下，可以保持（　　）min 不固化。

A. 3　　B. 5

C. 8　　D. 10

8. 如果需刮涂的原子灰层较厚，要多层刮涂时，每刮一道都要充分干燥，每道原子灰不宜过厚，一般要控制在（　　）mm 以下，否则容易收缩开裂或干不透。

A. 0.1　　B. 0.3

C. 0.5　　D. 0.8

9. 在使用红外线烤灯干燥原子灰时，一定要使原子灰的表面温度控制在（　　）℃以下，以防止原子灰分离或龟裂。

A. 10　　B. 30

C. 50　　D. 80

10. 在原子灰与原有漆层接合处要磨出（　　）。

A. 裸金属　　B. 砂痕

C. 凹坑　　D. 羽状边

三、判断题

1. 指导层未被磨去的部分就是原子灰表面的划痕和砂眼缺陷所在位置。（　　）

2. 清除 80# 砂纸痕迹时应用 300# 砂纸打磨。（　　）

3. 对施涂原子灰的区域进行评估，一般情况下，施涂原子灰的面积是从裸金属圆口向外扩展大约 10 ~ 20 mm。（　　）

4. 准备原子灰时，无须再次估计漆面损坏的程度。（　　）

5. 由于喷漆间内有易燃物品，要尽量减少电动工具的使用。（　　）

6. 粒度越小，砂纸越细。（　　）

7. 打磨原子灰时，为了防止在周围的旧涂膜中产生深的磨痕，要将打磨工作限制在原子灰覆盖的区域内。（　　）

8. 为了增加原子灰的可用时间，原子灰的混合要在大约 30 s 的时间内完成。（　　）

9. 打磨原子灰结束后，若发现气孔和小伤痕，无须马上修补。（　　）

四、简答题

1. 原子灰刮涂前有哪些准备工作?

2. 简述原子灰的混合步骤。

3. 原子灰刮涂的方法有哪些?

4. 刮涂原子灰时有哪些注意事项?

任务 3　喷漆房、烤漆房和其他烘干设备的使用

一、填空题

1．喷漆房内的空气必须过滤，空气的________、________可以调节。

2．喷漆房内的空气应__________流动，流速应在____________m/s 范围内。

3．喷漆房主要由墙体、____________、____________、____________及废气和废渣处理装置等组成。

4．烤漆房是最为常见的____________设备。

5．烤漆房的绝热、保温性能必须良好，保温层厚度一般在__________mm 左右。

6．红外线烤灯是一种__________干燥设备，用于车身涂膜的__________干燥。

7．应将烘干室内的风速控制在__________m/min，以免风速过高对涂膜质量产生影响。

8．低温烤漆房按加热方式不同可分为________________________、________________________和紫外线辐射干燥型烤漆房。

9．____________系统是喷漆房最重要的安全设施。

10．喷漆房的换气系统有____________________、____________________和____________________三种形式。

二、选择题

1．喷漆房每工作（　　）h 应更换进风隔尘网。

A．150　　B．300

C．450　　D．600

2．喷漆房内的照度应在（　　）lx 以上，照明灯具不得接触漆雾。

A．900　　B．800

C．700　　D．1 000

3．红外线烤灯中的高红外元件的启动时间为（　　）s。

A．1 ~ 3　　B．3 ~ 5

C．5 ~ 10　　D．10 ~ 15

4．在烤漆房正常运行的情况下，用太阳灯向上照射，每平方米的范围内细小灰尘应不多于（　　）颗。

A．2　　B．10

C．15　　D．5

5．在试验室采用高红外烘干设备烘干阴极电泳底漆样板时，其烘干时间仅为（　　）s。

A．100 ~ 130　　B．130 ~ 150

C．150 ~ 200　　D．200 ~ 300

6．烘干过程中必须持续排出和补给（　　）% 的空气，以防止溶剂蒸气积累引发爆炸。

A．5　　B．8

C．10　　D．20

7．低温烤漆房是指被烘干件的金属底材温度在烘烤过程中不超过（　　）℃的烘干室。

A．60　　B．80

C．100　　D．120

8．喷漆房、烤漆房和其他（　　）性能的优劣直接决定喷涂质量的好坏。

A．烘干设备　　B．通风设备

C．换气设备　　D．空气过滤系统

9．合格的烤漆房从 20 ℃升至 60 ℃所用的时间为（　　）min。

A．1 ~ 5　　B．5 ~ 10

C．10 ~ 15　　D．15 ~ 50

三、判断题

1．低温烤漆房内必须配置防爆泄压装置。（　　）

2．喷漆房为喷涂施工提供一个清洁、安全、照明良好的封闭环境。（　　）

3．空气过滤系统是喷漆房最重要的环保设施。（　　）

4．烤漆房内的空气湿度应均匀、可调且控制准确。（　　）

5．喷漆房内的空气应自上而下流动，保证涂膜的流平性良好。（　　）

6．进入喷漆房内的空气是污染涂膜的主要污染源。（　　）

7．烘箱在喷涂作业中多用于喷涂样板的烘干。（　　）

四、简答题

1．汽车涂装时对喷漆房有哪些基本要求？

2．喷漆房主要由哪些结构组成？有哪几种形式？

3．简述高红外加热固化原理及快速固化技术的特点。

4．喷－烤漆房的使用和维护有哪些内容?

任务4　中涂底漆的喷涂

一、填空题

1．中涂底漆的主要功能是改善被涂工件表面和底涂层的____________。

2．中涂底漆可以提高面涂层的____________和丰满度，提高整个涂层的装饰性和____________。

3．中涂底漆应具有足够的________，能消除被涂底漆表面的________、打磨痕迹和微小孔洞、细眼等缺陷。

4．Q06–5 灰硝基中涂底漆的特性是涂层干燥快，易打磨光滑，填孔性较好且________较高；但柔韧性较差，____________不好。

5．C06–15 白醇酸中涂底漆干燥速度____，易打磨光滑，与底涂层和面涂层的________强。

6．刮涂幼滑原子灰时，若一次填刮不满，应间隔________min 左右再进行刮涂。

7．干燥幼滑原子灰时，可打开红外线烤灯，在________℃下将刮涂的填眼灰干燥________min。

8．中涂底漆层打磨完成后，用____________水磨砂纸对整个待喷涂面漆的表面进行打磨，以提高面漆的附着力。

9．中涂底漆若采用双动作打磨机打磨，所用砂纸粒度以____________为宜。

10．车用中涂底漆的颜料多为体质颜料，具有良好的填充性能，其固体成分一般要在__________以上，喷涂两道后涂膜的厚度可达________________μm。

二、选择题

1．在中涂底漆中一般可以适量加入（　　）左右面漆的色母，以调配出与面漆基本相同的颜色，用于提高面漆的遮盖力，避免造成色差。

A．10%　　B．20%

C．30%　　D．40%

2．当面漆是硝基类涂料时，湿打磨中涂底漆时要用（　　）水磨砂纸。

A．500#　　B．600#

C．700#　　D．800#

3．选用口径为 1.5 mm 的标准空气喷枪进行中涂底漆喷涂时，应先将喷涂压力调整到（　　）MPa。

A．220　　B．230

C．235　　D．245

4．采用标准空气喷枪喷涂中涂底漆时，喷涂距离选用（　　）mm，喷雾宽度全开。

A．150 ~ 250　　B．140 ~ 250

C．150 ~ 260　　D．170 ~ 250

5．中涂底漆可以用红外线烤灯强制干燥，在 60 ℃下干燥（　　）min 即可。

A．20　　B．25

C．30　　D．35

6．打磨中涂底漆时，可选用（　　）水磨砂纸，配合手工打磨垫块进行湿打磨。

A．800#　　B．700#

C．500#　　D．600#

7．中涂底漆的着色颜料多采用灰色、（　　）和黄色等易于遮盖的颜色。

A．蓝色　　B．黑色

C．绿色　　D．白色

8．在寒冷的冬天，中涂底漆需采用红外线烤灯强制干燥，但不能骤然提高温度，应渐渐升温，到（　　）℃左右保温。

A．40　　　　B．50

C．60　　　　D．65

9．喷涂第一层中涂底漆时，原子灰表面完全变湿后要静置（　　）min，使涂层中的溶剂挥发。

A．5 ～ 15　　　　B．5 ～ 10

C．15 ～ 20　　　　D．5 ～ 8

三、判断题

1．中涂底漆喷涂完成后一定要充分干燥，如果干燥不充分，不仅打磨时涂料会填满砂纸，而且会使后续的面漆出现涂膜缺陷。（　　）

2．中涂底漆不可以用红外线烤灯或热风加热器进行强制干燥。（　　）

3．中涂底漆干燥完毕，应仔细检查表面有无砂纸痕迹、气孔及其他缺陷，若有缺陷可采用硝基速干细灰修补。（　　）

4．可以采用单动作打磨机打磨中涂底漆。（　　）

5．中涂底漆湿打磨一般采用 600# ～ 800# 水磨砂纸。（　　）

6．采用湿打磨时，需要用清水冲洗打磨部位。（　　）

7．采用干打磨时，应用吸尘器将打磨粉尘彻底清除干净。（　　）

8．中涂底漆应具有良好的韧性、弹性和抗石击性。（　　）

9．制造商对稀释剂规定了一定的宽容度，如果稀释剂比较少，涂层会比较厚，涂膜表面会比较粗糙；如果稀释剂比较多，中涂底漆容易施涂，但往往会产生流挂。（　　）

四、简答题

1．简述中涂底漆施工前打磨的方法和注意事项。

2．什么是可调色中涂底漆？

3．简述中涂底漆涂层涂装的施工步骤。

4．中涂底漆应具有哪些特性？

模块五　面漆喷涂前准备

任务 1　喷涂前遮盖

一、填空题

1．遮盖所需要的材料有__________、塑料遮盖膜、__________和遮盖胶带等。

2．遮盖纸有不同的宽度，其宽度范围为____________mm。

3．汽车遮盖纸具有___________、良好的抗湿性和防溶剂渗透性。

4．遮盖汽车风窗玻璃时，应使用两层宽__________或________的遮盖纸。

5．遮盖外反光镜时可以使用宽_______mm 或_______mm 的遮盖纸。

6．保护行李舱的内侧需使用__________块宽度为 900 mm 的遮盖纸；遮盖车门把手时，可以使用宽________mm 的遮盖胶带。

7．遮盖时所需要的设备和工具有_______________和_______________。

8．普通遮盖胶带有用于空气干燥涂料的胶带、用于_______________的胶带、用于____________的胶带。

9．板件之间（填充了车身密封剂）没有缝隙，可以将____________处作为遮盖边界，但此处必须采用____________的方法。

10．遮盖车门侧柱的周围时，应使用宽________mm 的____________的遮盖纸。

二、选择题

1．遮盖胶带的宽度范围为（　　）mm。

A．10 ~ 50　　B．6 ~ 50

C．8 ~ 60　　D．10 ~ 60

2．如果喷涂车间（　　），遮盖胶带可能无法粘紧玻璃或镀铬件。

A．又热又湿　　B．又冷又湿

C．又冷又干　　D．又热又干

3．下列选项中，不需要采用反向遮盖的场合是（　　）。

A．喷涂中涂底漆时　　B．小面积喷涂边缘的特征线时

C．板件中央小面积喷涂时　　D．块重涂时

4．在遮盖文字或标记时，应使用宽为（　　）mm 或 6 mm 的胶带。

A．10　　B．8

C．5　　D．3

5．在遮盖尾灯时，应使用宽为（　　）mm 或 228 mm 的遮盖纸。

A．152　　B．80

C．120　　D．60

6．在遮盖汽车侧窗时，应选用宽为（　　）mm 或 380 mm 的遮盖纸。

A．100　　B．200

C．300　　D．400

7．板件重涂时，应选择（　　）作为遮盖边界。

A．板件中间　　B．板件外围

C．相邻板件　　D．边缘缝隙

8．板件平面点重涂必须采用（　　）遮盖。

A．正向　　B．反向

C．横向　　D．纵向

9．在涂料容易积聚的地方要采用（　　）遮盖。

A．单层　　B．双层

C．三层　　D．多层

三、判断题

1．如果车身表面不干净或不干燥，遮盖胶带就无法粘住。（　　）

2．胶带通常可以粘到车门和车顶活动天窗的橡胶密封条上。（　　）

3．在接近转角的地方应将胶带贴得稍稍紧一点。（　　）

4．板件平面点重涂时，遮盖边界通过遮盖限定在给定的车上板内。（　　）

5．遮盖不足会造成过度喷涂。（　　）

6．缝隙胶带是一种遮盖材料，可以用来遮盖钣金件之间的缝隙，防止飞漆进入车身内。（　　）

7．遮盖汽车天线时，一般选用宽为 55 mm 的自带黏性的遮盖纸。（　　）

8．遮盖纸对于涂料中所含有的溶剂的抵抗力不强。（　　）

9．遮盖纸供应机可以装不同宽度和类型的遮盖纸卷，有的还可以装塑料遮盖膜。（　　）

四、简答题

1．遮盖所需要的设备和工具有哪些？各有什么作用？

2．遮盖边界的选择应遵循哪些原则？

3．遮盖操作的基本方法是什么？

4．喷涂前遮盖的注意事项有哪些？

任务 2　车身面漆的选用与用量估计

一、填空题

1. 汽车面漆不但具有涂层色泽艳丽、光亮丰满的装饰效果，而且还应具有良好的__________、耐水性、耐磨性、耐油及__________。

2. 按照涂料装饰性的不同，面漆可分为__________、__________、珠光色漆和__________等。

3. 按照涂料成分的不同，面漆可分为__________和__________。

4. 素色漆在涂装后具备良好的__________和__________。

5. 金属漆主要由__________、颜料、__________、溶剂和分散剂等组成。

6. 珍珠漆的种类大致可以分为__________和__________两种。

7. 面漆性能的好坏，主要取决于本身性能的好坏，但与相配套底漆的性能、__________和__________也有较大关系。

8. 涂料的遮盖力不同，其消耗量也不相同，颜色越浅，遮盖力就越______，涂料的消耗量也就越______。

9. 估计面漆用量的方法有__________和__________等。

10. 涂装前，对所需的面漆进行估算，一是为__________提供依据，二是为__________做好准备。

二、选择题

1. 溶剂挥发干燥型面漆可分为硝基漆、热塑性丙烯酸树脂漆，以及（　　）等。

A．催化固化型漆　　B．双组分型漆

C．丙烯酸改性醇酸树脂漆　　D．各类改性的丙烯酸树脂漆

2. 素色漆在涂装后具备良好的光泽度和鲜映性，在涂膜厚度达到（　　）μm 后即可显现完全的色调。

A．10　　B．20

C．60　　D．50

3. 金属漆喷涂达到（　　）μm 的膜厚即可完全遮盖底层。

A．10 ~ 20　　B．20 ~ 30

C．30 ~ 40　　D．40 ~ 50

4. 硝基漆的特点是施工方便、适应性强、涂层均匀、（　　）、易于打磨等。

A．干燥速度快　　B．干燥速度慢

C．工效低　　D．耐水性差

5. 为了充分估计施工中的不确定因素对涂料消耗量的影响，确定涂料消耗量还必须留有一定的余量，一般在估计的基础上再增加（　　）。

A．10% ~ 20%　　B．20% ~ 30%

C．30% ~ 40%　　D．40% ~ 50%

6．如果采用普通空气喷枪喷涂，由于涂料分散严重，涂料的利用率只有（　　）。

A．30% ~ 40%　　B．20% ~ 40%

C．50% ~ 70%　　D．70% ~ 80%

7．考虑修补面漆的外观特性时，修补涂料应色彩鲜艳、光泽醒目、（　　）、丰满度及鲜映性好。

A．色差小　　B．色差大

C．耐候性好　　D．耐候性差

8．丙烯酸树脂漆属于（　　）涂料。

A．溶剂挥发干燥型　　B．催化固化型

C．热固化型　　D．氧化固化型

9．在实际工作中涂料的最小用量为（　　）L。

A．0.1　　B．0.2

C．0.5　　D．1

10．修补后的涂层要有良好的抛光性、较好的重涂性和（　　）。

A．外观特性　　B．抗老化性

C．修补性　　D．抗崩裂性

三、判断题

1．素色漆俗称磁漆，是指将非常细小的着色颜料均匀地分散在树脂基料中而制成的涂料。（　　）

2．珍珠漆与普通金属漆的区别在于涂料中的金属闪光颜料不是铝粉颗粒，而是表面镀有金属氧化物的云母颗粒。（　　）

3．选用的面漆不需要考虑装饰性和保护性。（　　）

4．在涂料用量估计的两种方法中，计算法在修理厂中应用得最为广泛。（　　）

5．丙烯酸聚氨酯涂料是最好的双组分涂料，已成为国内外汽车修补行业使用的首选漆种。（　　）

6．修补涂装以手工为主，涂料消耗量与操作者的熟练程度无关。（　　）

7．过氯乙烯漆对盐水溶液、海水具有很好的抗腐蚀性。（　　）

四、简答题

1．汽车面漆的功用是什么？

2．汽车车身常用修补面漆有哪些？

3．影响面漆消耗量的因素有哪些？

4．简述面漆选用的基本步骤。

任务3 视觉比色

一、填空题

1．物体的颜色会因__________、物体的具体特征、__________等不同而发生变化。

2．颜色可分为__________和__________两大类。

3．D65 光源的色温为____________K，显色指数 Ra ≥________。

4．视觉比色就是把________________和________________并排放在一起，用肉眼观察它们是否相同的方法。

5．在进行视觉比色时，不同的观察者在观察时，对于样本和试样会因受光方式、________、__________、________、试样大小等影响而产生差别。

6．物体在________的照射下呈现出的颜色称为物体的________。

7．物体对光线有反射、________和________作用。

8．两个颜色试样在__________下观察都完全等色，称为__________。

9．如果两个颜色试样在某一光源下观察是等色的，而在另一种光源下观察是不等色的，这种现象称为__________。

二、选择题

1. 颜色的三个属性是指（　　）。
   A．色调、色彩和色相　　B．白度、明度和彩度
   C．色度、纯度和饱和度　　D．色调、明度和饱和度
2. 视觉比色对光源有照度要求，光源照度应不低于（　　）lx。
   A．1 000　　B．2 000
   C．3 000　　D．4 000
3. 常用的比色样板的大小为（　　）。
   A．50 mm × 60 mm　　B．80 mm × 100 mm
   C．120 mm × 120 mm　　D．150 mm × 200 mm
4. 在光线不足时，必须在（　　）下进行比色。
   A．日光灯　　B．白炽灯
   C．D65 光源　　D．A 光源
5. 在颜色的属性中，最容易分辨的属性是（　　）。
   A．色调　　B．明度
   C．饱和度　　D．以上都是

三、判断题

1. 任何一种颜料在加入其他颜料后其颜色的饱和度都会降低。（　　）
2. 亮度是指反射光线的能力。（　　）
3. 粗糙的表面固有色表现较强，而且不易受环境色干扰。（　　）
4. 色调就是指太阳光分解成的七种单色光。（　　）
5. 在彩色环境下看到的物体颜色都是真的。（　　）
6. 视觉比色时为避免直射日光，可以采用北向窗户进入的自然光线。（　　）
7. 在描述颜色时，一般采用孟塞尔颜色系统。（　　）
8. 观察完鲜艳色后，不能立即观察较为暗淡的颜色。（　　）
9. 视觉比色时，只要注意光线和观察角度就行了。（　　）
10. 视觉比色时，不得穿色彩鲜艳的衣服和佩戴有色眼镜。（　　）

四、简答题

1. 颜色三个属性的定义是什么？

2．影响颜色的因素有哪些？

3．物体的颜色是怎样产生的？

4．什么是视觉比色？视觉比色有哪些注意事项？

任务 4　涂料颜色的调配

一、填空题

1．色彩的名目繁多，但有三种颜色是________的，用它们可以调配出各种色彩，但用任何颜色却调配不出这三种色，这三种颜色称为__________。

2．通常把红、黄、蓝称为物体的__________，也称为__________。

3．黑色和__________是色彩带以外的两种颜色，又称为______________。

4．在色环图上____________的颜色互相补充，这两种颜色称为____________。

5．搅拌均匀后的涂料，要从________、________、________三个方面与标准色板进行对比，以保证调配良好。

6．所谓调色是指根据颜色的三个__________，将两种或两种以上不同的基本颜色按一定比例混合在一起，以产生所需要的__________的过程。

7．辨别原车颜色的方法有__________、__________、查找原车涂料颜色代码法及利用可见光分光光度计辨别原车颜色等。

8．利用汽车生产厂家的__________获得原车颜色配方来调色，可以减小__________与原车颜色的差别。

9．当两种__________混合，便得到消色差的颜色，即__________。

10．涂抹法是把____________均匀涂抹在试板上，待干燥后再进行比对。此法存在因____________不一而带来的色差。

二、选择题

1．在色环图上位置相对的颜色会互相（　　）。

A. 补色　　B. 补充

C. 冲突　　D. 变色

2. 如果采用色母进行调色，则必须使用与（　　）配套的色母系列。

A. 色环图　　B. 色相

C. 色卡　　D. 明度

3. 通过库贝尔卡－芒克调色理论可以计算出涂层颜色的（　　）值，再由计算机调色软件进行调色。

A. 彩度、亮度、明度　　B. 色调、饱和度、明度

C. 比例值、质量值、明暗度　　D. 颜色比、饱和度、明度

4. 虽然各种色母的质量因颜色而异，但是通常情况下一滴涂料的质量大约为（　　）g。

A. 0.1　　B. 0.04

C. 0.03　　D. 0.6

5. 为了精确控制色母的流量，在漆罐倾斜（　　）必须缓慢拉动操纵杆。

A. 前　　B. 中

C. 后　　D. 时

6. 调色时，需以主色和调整色先调出基本色调，再由浅入深地调整到需要的色调、明度及（　　）。

A. 灰度　　B. 色调

C. 饱和度　　D. 亮度

7. 用试杆在试板上施涂边长不小于（　　）mm 的等边三角形。

A. 60　　B. 40

C. 30　　D. 50

8. 如果采用普通色漆进行调色，则参与调色的各色漆必须在品种、类型、用途、性能等方面配套，（　　）好。

A. 兼容性　　B. 比色

C. 明度　　D. 互溶性

9. 由于外部条件的影响导致颜色的变化称为（　　），解决这种问题的有效方法是先喷样板，视觉比色后再根据具体情况进行调整。

A. 主色过暗　　B. 明度过高

C. 走色　　D. 无色

三、判断题

1. 辨别原车颜色的方法有经验法、查找法两种。（　　）

2. 无彩色与不同的有彩色混合，可改变色彩的灰度。（　　）

3. 采用制作色漆样板法比色，判断色差的精度高但速度较慢。（　　）

4. 颜色层和珍珠层的调色必须严格按照涂料商提供的车身颜色配方，精确地进行计量配色。（　　）

5. 珍珠层的颜色随厚度的变化而发生改变，喷涂次数增加时，正视的明度会减小，侧视的明度会增加。（　　）

6．在调配时如果某种色漆的含量高，则混合成的颜色就带有含量较高的这种原色。（　）

7．经验法是依据调色规律和长期积累的经验，识别出原车颜色是由哪种主色和哪几种副色配成的，配比大约是多少。（　）

四、简答题

1．简述利用色卡查找配方的方法。

2．简述调色的基本原理。

3．什么是精细调色？

4．简述素色漆调色过程中导致颜色走色的原因和解决办法。

任务5　涂料的配制

一、填空题

1．涂料配制的器具有__________、__________、黏度计和涂料过滤网等。

2．涂料杯必须__________，其外形必须是__________。

3．黏度计用来检验涂料的__________是否符合其__________。

4．黏度计的工作原理是以一定数量的涂料通过特制小孔流出的__________来测量涂料的________。

5．涂料过滤网是将调制好的涂料倒向喷枪时，过滤掉容易__________空气喷枪或影响______________的颗粒等。

6．涂料调色完毕，须按照一定的比例添加__________、__________，并充分混合，以适应面漆施工的要求。

7．在配制涂料时，涂料、稀释剂及添加剂等采用体积比的表示方法有__________法和__________法两种。

8．在车身修补涂装中常采用____________、____________和____________等来测量涂料的黏度。

9．习惯上常用筛目数来表示过滤网的规格，一般有80目、______目、150目、________目和200目五种规格。

10．涂料黏度的计量单位为“________”。

二、选择题

1．配制比例为2∶1∶10%，需配面漆的量为200 g，则固化剂和稀释所需要的量为(　　)。

A．固化剂200 g×1/2=100 g，稀释剂200 g×10%=20 g

B．固化剂300 g×1/2=150 g，稀释剂200 g×10%=20 g

C．固化剂400 g×1/2=200 g，稀释剂200 g×10%=20 g

D．固化剂200 g×1/2=100 g，稀释剂300 g×10%=30 g

2．一般素色漆的喷涂黏度在(　　)℃时为16～20 s。

A．10　　B．20　　C．30　　D．40

3．清漆的过滤一般使用(　　)目的过滤网。

A．80　　B．100　　C．150　　D．180

4．涂料在开盖前应在调漆机上搅拌(　　)min以上，使涂料混合均匀。

A．30　　B．25　　C．20　　D．15

5．配制比例为4∶1∶1，其中“4”表示(　　)的份数。

A．固化剂　　B．涂料

C．稀释剂　　D．添加剂

6．在比例尺上三列刻度中，第二列刻度指示（　　）加入的量。

A．固化剂　　B．涂料

C．稀释剂　　D．添加剂

7．中涂底漆和金属漆过滤一般使用（　　）目的过滤网。

A．80 ~ 100　　B．80 ~ 150

C．100　　D．200

8．配制后的涂料黏度过低会导致涂料出现（　　）的缺陷。

A．变色　　B．混浊

C．沉淀　　D．结皮

三、判断题

1．比例尺是一种用金属或塑料制成的尺子，上面带有刻度记号，可计量适当数量的固化剂和稀释剂。（　　）

2．涂料配制不必按照一定的比例添加固化剂、稀释剂。（　　）

3．用锥形涂料杯配制时不会对涂料的配制比例产生影响。（　　）

4．配制涂料的目的是使涂料的黏度适合面漆施工的要求。（　　）

5．目前使用的油性涂料或溶剂等都是易燃和对人体有害的物质。（　　）

6．过滤所有汽车面漆所用滤网的型号是一样的。（　　）

7．涂料黏度是喷涂施工人员根据个人的喷涂习惯调制的。（　　）

8．涂料储存时间太长会导致其干燥速度变慢。（　　）

9．比例尺可以用来搅拌涂料。（　　）

四、简答题

1．配制涂料时为什么要做好安全防护？

2．在配制涂料时有哪些安全事项？

3．简述涂料黏度的检查方法。

4．涂料配制前应做好哪些准备工作？

模块六　面涂层涂装

任务1　面漆整车喷涂

一、填空题

1．在汽车修补涂装中，面漆涂装包括________________、__________和面漆干燥三个步骤。

2．面漆施工准备工作有____________________、待涂表面的准备、__________、喷涂环境温度的准备和喷枪的调试等内容。

3．添加添加剂可以防止________________，应结合__________进行添加。

4．车身面漆喷涂按照修补面积的大小划分为________________和________________，按照修补涂料的不同可以划分为素色漆喷涂和金属闪光漆喷涂。

5．修补面漆的干燥可以采用__________，也可以采用__________。

6．若采用自然干燥，应在喷涂结束后________min 揭去遮盖胶带。如果面漆是硝基类涂料，待涂膜干燥到能用____________的程度，就可以揭去遮盖胶带。

7．涂料过滤的目的是除去面漆中的________和________，使喷涂的面漆更加均匀。

8．喷涂环境温度包括喷漆房的____________、车辆表面温度和____________的温度等。

9．喷漆房的环境温度一般以________℃最为合适。

10．消除金属斑纹时，原则上____________和____________各占 50%，但随颜色不同多少有些变化。

二、选择题

1．修饰喷涂的主要目的是调整涂层表面的（　　）。

A．颜色和斑纹　　B．亮度和彩度

C．色调和平整度　　D．光泽和平整度

2．带状喷涂时，应将喷枪扇幅调整到（　　）cm 左右的宽度。

A．8　　B．10

C．12　　D．15

3．面漆强制干燥（在 60 ℃的条件下），需干燥（　　）min 左右。

A．10　　B．50

C．20　　D．30

4．喷漆房的环境温度一般以（　　）℃最为合适。

A．10 ~ 15　　B．15 ~ 20

C．20 ~ 25　　　　　D．25 ~ 30

5．对于 HVLP 重力式空气喷枪，选用（　　）mm 口径的空气喷枪比较合适。

A．1.3 ~ 1.5　　　　　B．1.6 ~ 1.8

C．1.9 ~ 2.0　　　　　D．1.0 ~ 1.3

6．正常的走枪速度一般为（　　）m/s。

A．0.5 ~ 0.6　　　　　B．0.4 ~ 0.5

C．0.7 ~ 0.9　　　　　D．1.0 ~ 1.2

7．面漆喷涂结束后，须静置（　　）min，使涂膜中的溶剂挥发，以免产生涂膜缺陷。

A．10 ~ 20　　　　　B．1 ~ 10

C．20 ~ 30　　　　　D．30 ~ 40

三、判断题

1．向配制好的涂料中加入少量的干燥剂可以防止涂膜产生“鱼眼”。（　　）

2．车门把手的缝隙处存留过多的油漆会导致流挂。（　　）

3．除尘时所用压缩空气的压力要略低于喷涂时所用的压力。（　　）

4．为了防止涂料漏出，涂料的充满量不要超过杯体容量的 1/2。（　　）

5．消除金属斑纹时，两次喷涂的时间间隔一般为 5 ~ 10 min。（　　）

6．干喷是指喷涂时选择的溶剂要快干、气压较大、漆量较小、温度较高、涂料黏度较低等，喷涂后漆面较干。（　　）

7．车身构件面漆的喷涂，一般都遵照从上到下、从左到右、从内到外喷涂的原则。但由于构件的形状和安装方式不同，其喷涂顺序也不尽相同。（　　）

8．涂层产生缺陷的一个主要原因是颜料沉淀，只有充分搅拌才能避免这种现象的发生。（　　）

9．对浅色金属闪光漆进行消斑处理时，清漆比例要占到 70% ~ 80%。（　　）

四、简答题

1．怎样进行喷涂环境的清洁？

2．简述面漆喷涂前涂料准备的内容。

3．简述车门整板喷涂的顺序。

4．面漆喷涂中的干喷和湿喷各有什么特点？

任务2　面漆局部修补喷涂

一、填空题

1．掌握金属漆的________和________的方法，能解决金属面漆喷涂工作中的难点。

2．使用含有大量________的清漆，可以对新漆和旧漆之间的接口处进行________。

3．局部修补喷涂的关键是解决局部喷涂的颜色___________问题，使之与周围部位的颜色______，表面流平效果相同。

4．晕色处理后一定要采用______干燥，一般在60 ℃下干燥______min即可。

5．在喷涂清漆时，第一次薄薄地喷一层，间隔大约______min后再喷第二次。喷涂时要边___________边喷，以形成光泽。

6．喷涂颜色过渡区域一般采用________的喷涂方法，即在喷涂时以__________为轴，或摆动腕部。

7．新车涂膜的水平表面纹理一般比垂直表面________，为了适应这一事实，可以通过改变__________达到目的。

8．调整纹理时，要考虑到底材的状况，用___________处理的涂装表面，面漆涂膜容易产生较________的纹理。

9．小面积局部修补喷涂时，喷枪的喷幅比正常喷涂时小一些，或采用口径为______mm的小空气喷枪，这样可以减少____________。

10．喷涂的速度越快，则涂膜产生的凸纹数越______，凸纹高度越______。

二、选择题

1．一般情况下，减小（　　）、增加喷涂量、增大涂料的稀释比例都会产生较湿的涂层和较光滑的纹理。

A．喷涂压力　　B．喷涂速度

C．喷涂距离　　D．喷涂重叠

2．喷涂金属底色漆后，需静置（　　）min 后再进行清漆的预喷涂。

A．0 ~ 5　　B．5 ~ 10

C．10 ~ 15　　D．15 ~ 20

3．（　　）喷的金属漆涂层，铝粉排列一致，从侧面看颜色显得（　　）一些。

A．干　　深　　B．湿　　浅

C．干　　浅　　D．湿　　深

4．涂料中的稀释剂挥发速度较快会导致涂膜纹理变（　　）。

A．多　　B．少

C．大　　D．小

5．金属闪光漆中的铝粉和云母颜料若比着色颜料重，容易出现（　　）。

A．流挂　　B．斑痕

C．鱼眼　　D．颗粒

6．为了防止接口部位侧面颜色变深，经常采用“底清漆法”，底清漆法是用（　　）的稀释剂稀释清漆。

A．25%　　B．50%

C．75%　　D．100% 或 200%

7．颜色层晕色是在喷涂颜色层的涂料中加入 50% ~ 60% 的稀释剂或驳口水，以（　　）kPa 的喷涂压力进行喷涂。

A．90　　B．100

C．125　　D．150

8．修补型涂料在室温条件下需进行（　　）h 自然固化。

A．48　　B．24

C．12　　D．6

9．喷涂表面的光泽为着色喷涂结束时光泽的（　　），这时是消斑的最好时机。

A．20% ~ 40%　　B．30% ~ 50%

C．50% ~ 70%　　D．70% ~ 90%

三、判断题

1．喷涂后的静置时间越短，凸纹高度越低。（　　）

2．颜色过渡区一般用 1 500# 砂纸进行湿打磨。（　　）

3．颜色调得越准确，所需逐渐变化的区域越大。（　　）

4．对于浅色的金属闪光漆，喷涂时由于施工手法的差异，会导致新旧涂层的颜色不一致。（　　）

5．着色喷涂中，喷涂了过多的磁漆不会产生粗糙的纹理。（　　）

6．增大涂料的稀释比例对慢干清漆纹理的调整不起作用。（　　）

7．底清漆法有效地防止了板件静电产生的斑痕，使修补边缘变得很光滑。（　　）

8．金属漆修补边缘较薄，相当于干喷，所以侧面颜色较浅。（　　）

四、简答题

1．面漆局部修补喷涂的关键什么？

2．怎样进行素色漆面的纹理调整？

3．什么是晕色处理？

4．怎样进行金属漆的消斑处理？

任务3　汽车修补涂装实例

一、填空题

1．素色漆表面质量要求无________现象、无明显__________、无__________等。

2．双工序金属闪光漆修补的质量要求中，表面涂层厚度要大于______μm，光泽度要大于___________（45 ℃时）。

3．汽车修补涂装要求最终涂料成膜的颜色要与____________基本一致或相当接近。

4．喷涂中涂底漆修补喷涂时，喷枪气压要调至________kPa，扇面半开，出漆量调整拧到底后退出________。

5．面漆调色工具有涂料搅拌机、调色杯、________、________、试件样板、空气喷枪等。

6．底材的预处理后，划痕部位要求__________，过渡要________，不能产生台阶。

7．整车重涂中，清除旧涂层要找出车身表面所有的__________，并做好__________，以防遗漏。

8．在刮涂原子灰时，一次刮涂厚度不宜超过______mm，对于缺陷较深部位，可进行多次重复涂刮，但每一层的涂刮结束后，层间应留有一定的__________。

9．底漆层膜厚应为35 ~ 40 μm，表面无________、无________、无严重橘皮，不露底。

10．面漆喷涂前准备要求：确保喷涂的工具、设备完好，涂料准备得当，__________调整准确，喷涂__________。

二、选择题

1．强制干燥时，第一次升温到（　　）℃，保温10 min左右。

A．30 ~ 35　　B．40 ~ 45

C．50 ~ 55　　D．60 ~ 65

2．铝箔之类的红外线隔离纸是用来遮蔽修补部位的（　　）。

A．塑料零件　　B．木质底板

C．橡胶零件　　D．金属零件

3．羽状边的打磨宽度应在（　　）cm以上。

A．1　　B．2

C．3　　D．4

4．在喷涂底色漆时要注意喷涂时每层之间应留有（　　）min的间隔时间，以免产生流挂。

A．30 ~ 35　　B．20 ~ 25

C．10 ~ 15　　D．1 ~ 5

5．面漆喷涂前应准备好喷枪、(　　)、黏度计、涂料过滤网、粘尘布、颜色调好的面漆、固化剂、稀释剂等。

A．喷嘴　　B．调漆杯

C．一次性杯　　D．口罩

6．整车面漆重涂时，如果选用重力式空气喷枪，喷枪口径一般为（　　）mm。

A．0.8　　B．1.6

C．1.8　　D．2.0

7．底色漆喷涂干燥结束，待车身温度未完全冷却之（　　），去掉遮盖物，车辆的重涂工作完成。

A．间　　B．后

C．前　　D．以上都可以

8．对晕色区域进行手工抛光时要用（　　）的研磨膏。

A．较粗　　B．很粗

C．较细　　D．超细

三、判断题

1．双工序金属闪光漆表面质量要求颜色过渡成功，看不出色差，表面无流挂、无露底、无明显橘皮、无起泡等现象。（　　）

2．遮盖时涂饰区域要完全遮盖，遮盖胶带要压紧，乙烯遮盖罩尽量不要拖在地面上。（　　）

3．消除漆面划痕一般采用 120# 砂纸打磨。（　　）

4．涂刮好的原子灰表面应无刮痕、无砂眼，表面平整光滑。（　　）

5．中涂底漆涂层干燥后要仔细检查表面状况，若存在微小的斑痕和砂纸打磨痕迹，要使用速干原子灰仔细将其填平。（　　）

6．打磨中涂底漆时可采用手工打磨或机械打磨。（　　）

7．喷涂底漆时重力喷枪选用 1.8 mm 的口径，虹吸式喷枪选用 1.6 mm 的口径。（　　）

8．对于缺陷较深部位，需要连续多次刮涂原子灰。（　　）

9．填眼灰可以采用机械打磨。（　　）

10．底色漆第三层喷涂时，可在涂料中加入少量稀释剂，减小黏度。（　　）

四、简答题

1．简述双工序金属闪光漆点修补的基本流程。

2. 简述素色漆整车重涂工艺的基本流程。

3. 素色漆整车重涂前应进行哪些准备工作?

4. 简述面漆修补的质量标准。

模块七　特殊涂装与新型涂装

任务1　塑料件涂装及特殊涂装

一、填空题

1．若塑料焊条能与之焊合，则该________与此种焊条类型相同。市场上能提供的塑料焊条大致有______种。

2．按塑料件的__________和____________，常在塑料用涂料中加入添加剂。

3．塑料件涂装与金属件涂装的不同之处是绝大多数热塑性塑料不耐高温，在____℃以上易变形或分解，涂膜的__________差。

4．硬塑料件一般不需要喷涂__________和刮涂__________。

5．对玻璃纤维件喷漆之前，应先涂___________，再按照喷涂___________的方法喷涂面漆。

6．大多数弹性塑料件的涂层中需要加入________，以使漆面在变形时不至于______。

7．一般车用塑料件除有些需要____________外，大多数都有自然的__________。

8．喷涂塑料件时，按照涂料和____________的使用说明调配涂料，采用________，在喷涂区域采用干喷的方法薄薄地喷一层。

9．塑料件上的涂膜干燥后，应用__________干磨砂纸轻轻打磨驳口和纹理部位，使________融合。

10．硬塑料件喷涂时，其面漆的颜色由________________上的调整号决定，主要使用__________漆。

二、选择题

1．下列选项中，受热后容易熔化，燃烧时火焰呈绿色或青色，有盐酸味的是（　　）塑料。

A．PP　　B．PVC

C．PU　　D．ABS

2．处理软塑料零部件时，用（　　）砂纸打磨划伤处和用填充剂修补过的表面，吹除灰尘，并用粘尘布擦拭。

A．400#　　B．80#

C．320#　　D．800#

3．处理软塑料零部件时，表面干燥至少 1 h，然后用（　　）砂纸和打磨垫块打磨修补表面，最后用 400# 砂纸打磨整个表面，清除所有光泽，为涂覆面漆做准备。

A．80#

B．400#

C．800#

D．1 600#

4．聚丙烯塑料很坚硬，使用传统的（　　）打底后便可喷涂面漆。

A．外部硝基漆

B．丙烯酸漆

C．内部树脂漆

D．环氧树脂漆

5．手工打磨刚性零部件时，应使用 220# 或（　　）砂纸。

A．250#

B．260#

C．280#

D．300#

6．机器打磨刚性零部件时，应选用（　　）砂纸。

A．80# ~ 120#

B．120# ~ 150#

C．180# ~ 220#

D．220# ~ 300#

7．弹性塑料件涂装时，应待底层干燥（　　）min 后再喷涂光亮层。

A．1 ~ 20

B．20 ~ 40

C．30 ~ 60

D．60 ~ 120

8．车身底面喷涂后，乙烯塑料丁酯必须在（　　）℃的温度下干燥。

A．100 ~ 110

B．110 ~ 120

C．120 ~ 130

D．130 ~ 140

9．施涂车底喷涂时，应喷涂几层涂料，以便涂膜厚度超过（　　）mm。

A．0.5

B．1

C．1.5

D．2

10．抗砂石撞击涂层的厚度一般为（　　）μm。

A．1 ~ 20

B．20 ~ 40

C．40 ~ 60

D．60 ~ 80

三、判断题

1．干燥涂层必须遵照涂料生产厂提供的说明进行施工。（　　）

2．车身底面的涂装分为施涂车底涂料和干燥两个步骤。（　　）

3．遮盖的目的是防止非喷涂区域沾上涂料和漆雾。（　　）

4．喷罐式车底涂料不可以直接喷到下部车身。（　　）

5．为防止涂膜被撞击后崩裂，在新车底板或轮罩内表面要涂上乙烯塑料丁酯。（　　）

6．内板件喷涂前，修补涂装内板的涂料必须配色。（　　）

7．内板涂装先要进行清洁和除油，然后涂几层与内板颜色相匹配的面漆。（　　）

8．修理抗砂石撞击涂层可以使用普通涂料。（　　）

9．面漆型抗砂石撞击涂料的涂装步骤为：打磨面漆→面漆型抗砂石撞击涂料涂装→干燥。（　　）

10．喷涂中间型抗砂石撞击涂料的部位必须用刷子打磨，以防橘皮式结构被损坏。（　　）

四、简答题

1．简述中间型抗砂石撞击涂料的涂装步骤。

2．简述新保险杠涂装的工艺流程。

3．简述抗砂石撞击涂层的修理要点。

4．简述内板件涂装的具体步骤。

任务 2 汽车水性漆涂装

一、填空题

1. ________是挥发性有机化合物的英文缩写，所有__________均可被视作挥发性有机化合物。

2. 汽车水性漆是以________作为油漆的主要溶解物和稀释剂，以有效减少油漆中挥发性________________的油漆。

3. 汽车水性漆以水作为溶剂或者作为分散介质，按照树脂在水中分散的形态可以分为__________漆、水稀释型漆和__________漆三种。

4. 水的汽化温度高，喷涂时不易__________，在施工过程中要加入__________工艺。

5. 优质水性漆的颜色________、遮盖力________，能有效地节省修补时间。

6. 水性漆速干系统由__________、气流转换开关、热电偶和__________组成。

7. 用于中、小型面积修补的吹风枪有________吹风枪和__________吹风枪两种。

8. 喷枪快速清洗机是一款提高喷涂工作效率的新产品，适用于________和________喷枪的清洗。

9. 我国的水性漆涂装还在推广阶段，为了确保水性漆的涂装质量，大多采用____________加________________________工艺。

10. 大面积除旧漆选用____________打磨机，小范围除旧漆选用偏心距为______mm 的双动作打磨机。

二、选择题

1. 水性中涂底漆主要有聚酯和聚氨酯漆，其施工固体分较高，一般为（　　）。

A. 10% ~ 20%　　B. 30% ~ 40%

C. 50% ~ 60%　　D. 70% ~ 80%

2. 水性漆的介电常数大，（　　）性好，当采用静电喷涂时，水性漆有特殊要求。

A. 导电　　B. 导热

C. 导流　　D. 湿润

3. 优质水性漆涂装排放的 VOC（挥发性有机化合物）较溶剂型漆降低了（　　），符合当今以及未来的法律法规的要求。

A. 83.5%　　B. 73.5%

C. 53.5%　　D. 43.5%

4. 水性漆的储存温度应控制在（　　）℃，一般存放在专用温控柜中。

A. 0 ~ 5　　B. 5 ~ 15

C. 15 ~ 25　　D. 5 ~ 30

5. 水性漆树脂一般能储存 1 年，加入稀释剂后的混合涂料最长能保存（　　）个月。

A．1　　　　　　　　　　　　　　　　B．3

C．6　　　　　　　　　　　　　　　　D．9

6．（　　）安装在喷漆房外的空气过滤单元的出口和环保水性漆速干系统控制板之间的空气管路上。

A．气流转换开关　　　　　　　　　　B．顶棚系统

C．热电偶　　　　　　　　　　　　　D．电控箱

7．通过水性漆速干系统的精确控制，喷漆房内的喷涂环境能够保证 RH（　　）% 的最佳相对湿度。

A．35 ± 5　　　　　　　　　　　　　B．55 ± 5

C．65 ± 5　　　　　　　　　　　　　D．75 ± 5

8．干燥水性漆时，应将吹风枪置于距离喷涂表面（　　）cm 处。

A．10 ~ 30　　　　　　　　　　　　B．30 ~ 50

C．60 ~ 80　　　　　　　　　　　　D．90 ~ 120

9．常见的水性漆保温柜具有（　　）℃的温控功能。

A．0 ~ 20　　　　　　　　　　　　　B．10 ~ 20

C．0 ~ 30　　　　　　　　　　　　　D．10 ~ 30

三、判断题

1．水性中涂底漆的抗石击性能比传统溶剂型中涂底漆差。（　　）

2．水稀释型漆是以溶液为成膜物质配制的漆。（　　）

3．水性漆在施工性能上要比溶剂型漆差。（　　）

4．所有接触到水性漆的设备需用铁质制品（　　）

5．干燥水性漆时，吹风枪与涂膜表面应成 45° 角。（　　）

6．站立式吹风枪特别适合于水性漆大面积修补时的干燥。（　　）

7．传统型喷枪和环保型喷枪均可以喷涂水性漆。（　　）

8．水性漆保温柜最高的设定温度为 30 ℃。（　　）

9．水性漆修补涂装时，其底漆一般选用溶剂型超快干无铬环氧底漆。（　　）

四、简答题

1．优质汽车水性漆有哪些特点？

2. 简述水性漆喷涂的最佳喷涂环境。

3. 简述使用吹风枪干燥水性漆的方法。

4. 简述水性漆修补的工序步骤。

5. 简述水性漆遮盖喷涂的方法。

模块八　涂膜处理与缺陷防治

任务1　涂 膜 修 饰

一、填空题

1. 抛光蜡主要由__________和__________组成。
2. 上光蜡有__________和__________的作用。
3. 抛光机是利用__________对已喷涂的外涂层进行____________的设备。
4. 抛光机有________________和________________两种形式。
5. 打磨流挂部位一般使用________________水磨砂纸配合硬质__________来进行。
6. 抛光垫可分为__________、毛绒式和__________三种。
7. 抛光处理最好的时机是涂膜干燥程度为__________%时，常温下涂膜一般在干燥________天时最适合抛光。
8. 抛光机按转速大小可分为__________、________及低速机三种。
9. 晕色区可以用手工抛光，也可以用____________，值得注意的是抛光方向只能从__________向____________进行，不能反向抛光。

二、选择题

1. 湿打磨车身修复涂膜纹理时选用（　　）砂纸。

   A. 360#　　B. 800#

   C. 1 200#　　D. 2 000#

2. 在车身上涂装一面五星红旗，需要喷涂（　　）次。

   A. 1　　B. 2

   C. 3　　D. 4

3. 在刮除涂膜流痕时，刮刀的刀口应该（　　）。

   A. 向左　　B. 向上

   C. 向下　　D. 向右

4. 对于颗粒等小范围的打磨，一般使用小型打磨垫块配合（　　）水磨砂纸来进行。

   A. 400# ~ 600#　　B. 600# ~ 800#

   C. 800# ~ 1 000#　　D. 1 500# ~ 2 000#

5. 在手工抛光时，用（　　）抛光的面积要大于修理区域 3 ~ 5 倍。

   A. 细蜡　　B. 粗蜡

   C. 中粗蜡　　D. 小蜡

6. 下列选项中，不属于抛光蜡的是（　　）。

A. 粗蜡　　B. 中粗蜡

C. 细蜡　　D. 油性上光蜡

7. 在抛光时，（　　）抛光垫的研磨效率最高。

A. 毛巾式　　B. 海绵式

C. 毛绒式　　D. 麂皮式

8. 涂蜡时，每道涂抹区域应与上道涂抹区域有（　　）的重合度，要防止漏涂。

A. 1/5 ~ 1/4　　B. 1/2

C. 1/2 ~ 1/3　　D. 1/4

9. 机械打蜡时，每次按（　　）m^2 的面积涂匀，直至打完全车为止。

A. 0.2　　B. 0.5

C. 0.6　　D. 1.0

三、判断题

1. 在修理作业中喷涂图案，使用聚丙酯 – 丙烯酸涂料是比较合适的。（　　）
2. 手持式海绵上蜡应进行环形涂抹，不宜直线往复涂抹。（　　）
3. 对于颗粒等小范围的打磨，一般使用 1 500# ~ 2 000# 水磨砂纸。（　　）
4. 上蜡时，若海绵上出现与车漆相同的颜色，可能是漆面已经破损。（　　）
5. 采用细抛光蜡抛光可以调整车身面漆的纹理。（　　）
6. 粗蜡适用于经细蜡研磨过的部位的抛光。（　　）
7. 上光蜡中不含研磨颗粒，只起保护涂膜和上光的作用。（　　）
8. 打磨流挂部位一般使用 800# 水磨砂纸配合硬质打磨垫块来进行。（　　）
9. 处理流挂用刮刀刮除工作效率比较高，但操作上有一定的技巧，刮削时刀刃应略向上方倾斜，不可切削过量。（　　）

四、简答题

1. 简述流挂和涂膜颗粒的处理方法。

2. 简述涂膜凹陷的成因和处理方法。

3．什么是漆面抛光？

4．简述漆面打蜡的两种方法。

任务2　涂 膜 检 测

一、填空题

1．在没有测试仪器的情况下，可以使用__________进行涂膜附着力的测试。

2．涂膜质量检测包括涂膜________的检测、涂膜__________的检测、涂膜耐冲击强度的检测、涂膜硬度的检测和涂膜光泽度的检测等内容。

3．涂膜附着力综合性能测定法包括________、交叉切痕法和__________。

4．目前，广大企业普遍使用综合测定法中的画圆法来测定涂膜的________，所得到的结果也被广泛认同。

5．涂膜附着力的好坏，一方面取决于涂料对基材表面的____________和极性基团，另一方面与基材表面的____________和处理后的质量有关。

6．涂膜厚度的检测目前常采用两种方法，一种是利用________来进行测量，另一种是使用______________进行测量。

7．目前，测量涂膜光泽度的仪器有__________和__________两种。

8．涂层表面越平整、光滑，光线朝一个方向反射的能力就越强，光泽度也就越________。

9．物体表面越硬，摆杆硬度计摆杆的衰减就越__________。

二、选择题

1．调整附着力检测仪时，要将转针的回转半径调整至（　　）mm。

A．5.25　　B．5.5

C．3.25　　D．7.25

2．在测量涂膜附着力时，摇转摇柄的转速以（　　）r/min 为宜。

A．60 ~ 80　　B．70 ~ 90

C．80 ~ 100　　D．90 ~ 110

3．检测涂膜柔韧性时，弯曲样板的动作必须在（　　）s 内完成。

A．2 ~ 3　　B．3 ~ 4

C．3　　D．4

4．在进行涂膜耐冲击强度测试时，每次冲击点应相距（　　）mm 以上。

A．12　　B．15

C．17　　D．20

5．观察冲击后的涂膜有无裂纹、皱纹和剥落等破坏现象时，应用（　　）倍放大镜。

A．2　　B．3

C．4　　D．5

6．涂膜的硬度值应取两次测定的平均值，且两次测定结果之差不应大于平均值的（　　）。

A．35%　　B．25%

C．15%　　D．5%

7．光泽计接通电源后要预热（　　）min。

A．5　　B．10

C．15　　D．20

8．在光泽计预热后，应按下（　　）的量程选择按钮。

A．50%　　B．70%

C．80%　　D．100%

9．将被测样板指示值与标准板的测试值比较，就可以得出涂膜的（　　）。

A．明度　　B．色调

C．光泽度　　D．彩度

10．如果板件表面的光泽度低于（　　），应选择 70% 的量程按钮。

A．50%　　B．60%

C．70%　　D．80%

三、判断题

1．用磁性测厚仪可以测量塑料保险杠表面的涂膜厚度。（　　）

2．涂膜硬度值越接近 1，说明涂膜的硬度越高。（　　）

3．在涂膜附着力等级中，七级的附着力最好。（　　）

4．用于涂膜质量检测的样板烘干后，还应在恒温恒湿条件下放置 3 h。（　　）

5．样板上的原子灰层越厚，磁性涂膜厚度检测仪所测得的值越准确。（　）

6．涂膜弯曲后的破坏现象有剥离、撕裂、变脆等。因此，涂膜的柔韧性不但与其弹性有关，而且与涂膜的光泽度有关。（　）

7．汽车高速行驶中的机械冲击和振动会造成涂膜提前损坏。（　）

8．涂装在物体表面上的涂膜应具有一定的坚硬性，能承受外界的机械损伤，从而达到保护物面的作用。（　）

9．涂膜表面反射光的强弱不但取决于涂膜表面的平滑或粗糙程度，还取决于涂膜表面对投射光的反射量和透过量的多少。（　）

10．在干燥涂膜测试样板前应留有充分的晾干时间，以免在干燥过程中出现缺陷，影响制备的涂膜质量。（　）

四、简答题

1．涂膜质量检测的基本内容有哪些？

2．简述用栅格法测试涂膜附着力的方法。

3．简述磁性测厚仪的使用方法。

4．简述涂膜柔韧性测试的方法。

任务3　涂膜弊病与缺陷防治

一、填空题

1．涂膜缺陷是在涂装过程中或涂装后不久产生的，它一般与被涂物的状态、选用的涂料、__________、涂装工艺、涂装设备和__________等因素有关。

2．失光是指涂层表面没有达到应有的________或涂装后不久涂层出现____________的现象。

3．橘皮是指涂膜面呈________的凹凸现象，凹凸度约为________μm。

4．渗色是指在一种涂膜上涂另一种颜色的涂料，底层涂膜部分渗入________中而使面层涂膜出现__________的现象。

5．喷涂在垂直面上的涂料向下流动，使涂膜产生不均一的条纹和流痕的现象称为________，流挂根据流痕的形状不同可分为________和流淌等。

6．在涂装时或刚涂装完的湿涂膜上附着的灰尘或异物称为________。

7．由于漏涂、涂得薄或涂料__________未盖住底面（底色）而产生显露底材的现象称为____________。

8．气泡是指在涂装过程中涂膜表面呈______________，或在涂膜中有气泡的现象。气泡通常有水气泡、__________和空气泡三种。

9．针孔是指在涂膜上产生针状小孔或像___________状的现象，针孔的直径一般为______μm左右。

10．咬底是指喷涂面漆后，底涂层或中间涂层过分变软，产生______、胀起、__________等现象。

二、选择题

1．在涂料中添加了过多的含（　　）的催干剂会使涂膜产生起皱缺陷。

A．铅和锰　　B．钴和锰

C．钴和锌　　D．铅和锌

2．溶剂型涂料中混入水分会在涂膜上产生（　　）。

A．气泡　　B．针孔

C．橘皮　　D．缩边

3．为了防止缩边，可以在涂料中加入（　　）。

A．阻流剂　　B．抛光剂

C．走珠水　　D．软化剂

4．涂料中颜料的比重相差悬殊会产生（　　）。

A．色差　　B．浮色

C．掉色　　D．渗色

5.（　　）是产生“鱼眼”的重要污染物。

A．铜　　B．铅

C．铁　　D．硅

6.（　　）是指在喷涂时涂料雾化不良，呈丝状喷出，使涂膜表面呈丝状。

A．拉丝　　B．咬底

C．鱼眼　　D．发白

7.（　　）是指涂膜的颜色局部不均匀，出现斑痕、条纹和色相杂乱的现象。

A．咬底　　B．发花

C．浮色　　D．露底

8.（　　）是指在涂膜表面上析出一种或几种组分的现象。

A．橘皮　　B．缩边

C．流挂　　D．出汗

9．修补部位的新涂膜与其周围的老涂膜在光泽、色相上有差别的现象称为（　　）。

A．修补斑痕　　B．气体裂纹

C．丰满度差　　D．打磨缺陷

三、判断题

1．在木质底材上喷涂氨基醇酸树脂涂料容易产生针眼。（　　）

2．涂料黏度过低容易出现流挂。（　　）

3．原子灰残痕是指涂层表面刮过原子灰的部位产生断痕印的现象。（　　）

4．被涂物的温度低于室温，喷涂面漆时容易产生“咬底”。（　　）

5．涂装车间、设备、工具和生产用的辅助材料等，绝不能带有对涂料有害的物质，尤其是硅酮类物质。（　　）

6．为了防止“起粒”，在旧涂层上喷漆前，要用砂纸充分打磨并擦拭干净，并在空气喷枪中加入适量的“走珠水”。（　　）

7．为了防止“鱼眼”的产生，要及时排除压缩空气管道中的油和水。（　　）

8．待涂表面存在硅、酮等物质容易使新喷涂膜产生“鱼眼”。（　　）

9．涂层未干透就涂下一道漆容易使上层涂膜产生发白缺陷。（　　）

四、简答题

1．简述流挂的防治方法。

2．简述用重新喷涂法救治涂膜缺陷的施工步骤。

3．涂膜缺陷的产生与哪些因素有关？

4．实际生产中怎样才能防止涂膜产生“鱼眼”缺陷？

任务4　涂膜破坏状态与缺陷防治

一、填空题

1．在划伤缺陷中，点伤痕称为__________，线伤痕称为__________。

2．变色是指使用过程中涂膜的________发生变化，其________、明度和彩度明显偏离标准颜色的现象。

3．斑点是指在涂膜表面上发生与大部分表面颜色不同的__________或黏附着尘埃和脏污等________的现象。

4．涂膜开裂的类型有__________、浅裂纹、龟裂、____________和____________等几种。

5．锈蚀是指金属表面产生氧化物和氢氧化物，涂膜下面出现__________或穿透涂膜的__________的现象。

6．变脆是指涂膜__________变差的现象，这是涂膜开裂或________的前兆。

7．膨胀是指被涂物在使用过程中与____________、油和____________等接触后，涂膜产生膨胀的现象。

8．涂膜划痕根据深浅程度不同可分为________、中度划痕和__________三种类型。

9．补救涂膜缺陷时，清洗是为了除去面涂层的________薄膜层、________及其他异物。

10．打磨涂膜划痕要根据划痕的大小和深度选用____________磨石或____________砂纸，对刮伤表面涂层进行打磨。

二、选择题

1．起泡缺陷的直径一般为（　　）mm。

A．1 ~ 2　　B．1 ~ 3

C．2 ~ 4　　D．1 ~ 5

2．返铜光是涂膜（　　）差的表现之一。

A．耐候性　　B．耐腐蚀性

C．防水性　　D．抗石击性

3．失光是可逆的，可以借助（　　）消除。

A．打磨　　B．抛光

C．日晒　　D．泼水

4．深度划痕是指已经刮透了（　　）的划痕。

A．清漆层　　B．色漆层

C．底漆层　　D．金属表面

5．缺陷补救完成后要检查涂膜的（　　）是否与原涂膜完全一致。

A．色泽　　B．亮度

C．平整度　　D．光滑度

6．中度划痕是指已经刮透了（　　）的划痕。

A．清漆层　　B．色漆层

C．表层面漆　　D．底漆层

三、判断题

1．返铜光是指局部或整个涂膜表面在阳光照射下呈现忽绿忽紫的色彩。（　　）

2．由涂料造成的失光不可用抛光加以修复。（　　）

3．去除板件表面的上光蜡和油膜可用清水清洗。（　　）

4．涂料黏度过低可能造成涂膜溶解。（　　）

5．斑点和起粒是两种相同的缺陷。（　　）

6．雨水痕迹是指下雨或清洗车漆时，水滴在涂膜表面产生的白色痕迹。 （ ）

7．风化是比粉化更严重的涂膜破坏状态。 （ ）

8．变脆是指涂膜弹性变差的现象。 （ ）

9．中度划痕已伤及底漆层。 （ ）

四、简答题

1．简述涂膜“斑点”缺陷的外观表现。

2．什么是涂膜“锈蚀”缺陷？

3．简述涂膜开裂的防治方法。

4．简述涂膜浅划痕补救的一般步骤。

综合试卷（一）

一、填空题（每空 1 分，共 20 分）

1．汽车涂装是提高汽车产品的________和延长其____________的主要措施之一。

2．常用的工作服有______________和______________两种。

3．一般情况下，涂膜损伤范围在______cm^2 以内或小凹坑的直径在______cm 范围内，采用点修补工艺。

4．车身原涂层涂料类型的鉴别方法有打磨法、___________、加热处理法、___________和电脑检测仪法等。

5．塑料底漆的作用主要是增强塑料____________和面漆层的____________。

6．空气喷枪的空气帽上有三个小孔，分别为中心孔、__________和__________。

7．空气压缩机的自动控制装置包括____________和____________两大元件。

8．硝基原子灰的特点是______________、______________和易打磨。

9．车用中涂底漆的颜料多为体质颜料，具有良好的填充性能，其固体成分一般要在________以上，喷涂两道后涂膜的厚度可达______________μm。

10．估计面漆用量的方法有______________和______________等。

二、单项选择题（每题 1.5 分，共 30 分）

1．中度划痕是指已经刮透了（　　）的划痕。

A．清漆层　　B．色漆层

C．表层面漆　　D．底漆层

2．修补部位的新涂膜与其周围的老涂膜在光泽、色相上有差别的现象称为（　　）。

A．修补斑痕　　B．气体裂纹

C．丰满度差　　D．打磨缺陷

3．在光泽计预热后，应按下（　　）的量程选择按钮。

A．50%　　B．70%

C．80%　　D．100%

4．在抛光时，（　　）抛光垫的研磨效率最高。

A．毛巾式　　B．海绵式

C．毛绒式　　D．麂皮式

5．干燥水性漆时，应将吹风枪置于距离喷涂表面（　　）cm 处。

A．10 ~ 30　　B．30 ~ 50

C．60 ~ 80　　D．90 ~ 120

6．水性漆的介电常数大，（　　）性好，当采用静电喷涂时，水性漆有特殊要求。

A．导电　　B．导热

C．导流　　D．湿润

7．刮涂原子灰时，一次刮涂厚度不宜超过（　　）mm。

A．0.2　　B．0.5

C．0.4　　D．0.3

8．颜色层晕色是在喷涂颜色层的涂料中加入50% ~ 60%的稀释剂或驳口水，以（　　）kPa的喷涂压力进行喷涂。

A．90　　B．100

C．125　　D．150

9．采用自然干燥方式，应在喷涂后（　　）min，再揭去遮盖胶带。

A．10 ~ 15　　B．5 ~ 10

C．15 ~ 20　　D．20 ~ 25

10．带状喷涂时，应将喷枪扇幅调整到（　　）cm左右的宽度。

A．8　　B．10

C．12　　D．15

11．在比例尺上三列刻度中，第二列刻度指示（　　）加入的量。

A．固化剂　　B．涂料

C．稀释剂　　D．添加剂

12．一般素色漆的喷涂黏度在（　　）℃时为16 ~ 20 s。

A．10　　B．20

C．30　　D．40

13．在色环图上位置相对的颜色互相（　　）。

A．补色　　B．补充

C．冲突　　D．变色

14．为了充分估计施工中的不确定因素对涂料消耗量的影响，确定涂料消耗量还必须留有一定的余量，一般在估计的基础上再增加（　　）。

A．10% ~ 20%　　B．20% ~ 30%

C．30% ~ 40%　　D．40% ~ 50%

15．遮盖车门把手时，可以使用宽为（　　）mm的胶带。

A．16　　B．17

C．18　　D．19

16．汽车用遮盖纸具有耐热性、良好的（　　）和防溶剂渗透性。

A．抗腐蚀性　　B．韧性

C．抗湿性　　D．耐候性

17．中涂底漆的着色颜料多采用灰色、（　　）和黄色等易于遮盖的颜色。

A．蓝色　　B．黑色

C．绿色　　D．白色

18．合格的烤漆房从20 ℃升至60 ℃所用的时间为（　　）min。

A．1 ~ 5　　B．5 ~ 10

C．10 ~ 15　　　　D．15 ~ 50

19．红外线烤灯中的高红外元件的启动时间为（　　）s。

A．1 ~ 3　　　　B．3 ~ 5

C．5 ~ 10　　　　D．10 ~ 15

20．打磨羽状边时应选用（　　）砂纸。

A．60# ~ 80#　　　　B．120# ~ 240#

C．320# ~ 600#　　　　D．1 000# ~ 2 000#

三、判断题（每题 1 分，共 10 分）

1．刚进厂的车辆可以马上进行作业，但要注意别被排气管和散热器等灼热物烫伤。（　　）

2．目测评估要在强光下进行。（　　）

3．除旧漆时应使气动打磨机以大约 2° ~ 10° 角置于待加工表面。（　　）

4．底漆应具有填平纹路、针眼和孔洞的作用，并具有良好的打磨性能。（　　）

5．重力进给式空气喷枪适用于较稀涂料的喷涂。（　　）

6．幼滑原子灰干燥时间很短，干后较软，易于打磨。（　　）

7．喷漆房、烤漆房和其他空气过滤系统性能的优劣直接决定喷涂质量。（　　）

8．素色漆俗称磁漆，是指将非常细小的着色颜料均匀地分散在树脂基料中而制成的涂料。（　　）

9．观察完鲜艳色后，不能立即观察较为暗淡的颜色。（　　）

10．颜色过渡区一般用 1 500# 砂纸进行湿打磨。（　　）

四、简答题（共 40 分）

1．什么是汽车涂装？（6 分）

2．车身修补涂装工艺的选择要考虑哪些因素？（6 分）

3. 稀释剂的选择和环境温度有什么关联？（6分）

4. 如何利用色卡查找配方？（6分）

5. 汽车涂料中对人体有危害的物质主要有哪些？（8分）

6．刮涂原子灰时有哪些注意事项？（8 分）

综合试卷（二）

一、填空题（每空 1 分，共 20 分）

1．中涂底漆可以提高面涂层的_________和丰满度，提高涂层的装饰性和___________。

2．按照涂料装饰性的不同，面漆可分为_____________、_____________、珠光色漆和罩光清漆等。

3．素色漆在涂装后具备良好的___________和___________。

4．物体的颜色会因________、物体、___________等不同而变化。

5．视觉比色就是把_______________和_______________并排放在一起，用肉眼观察它们是否相同的方法。

6．在色环图上__________的颜色互相补充，这两种颜色称为__________。

7．涂料配制的器具有__________、__________、黏度计和涂料过滤网等。

8．扎恩杯黏度计用于测量____________，计量单位为“______”。

9．掌握金属漆的____________和____________的方法，能解决金属面漆喷涂工作中的难点。

10．喷涂的速度越快，则涂膜产生的凸纹数越______，凸纹高度越______。

二、单项选择题（每题 1.5 分，共 30 分）

1．硝基原子灰的特点有（　　）。

A．干燥速度快、附着力强、易打磨　　B．干燥速度快、易打磨、耐热性好

C．易打磨、耐热性好　　D．耐腐蚀性好、干燥速度快、附着力强

2．在发动机舱盖表面上涂上去蜡除油剂，趁除油剂未干时马上用干净的抹布擦拭干净，每次处理的面积为（　　）cm^2。

A．20 ~ 30　　B．10 ~ 20

C．30 ~ 40　　D．5 ~ 10

3．底漆涂膜的总体厚度一般为（　　）μm。

A．20 ~ 30　　B．30 ~ 35

C．35 ~ 40　　D．40 ~ 50

4．（　　）是利用空气压力控制电源开闭的开关。

A．自动卸载器　　B．压力开关

C．排污阀　　D．安全阀

5．环保型空气喷枪又称（　　）喷枪。

A．HVLP　　B．HVV

C．HVPL　　D．HVPP

6．空气喷枪主要由空气帽、喷嘴、（　　）、扳机、空气阀、调节旋钮和手柄等组成。

A．空气压力调节阀　　B．滤网

C．针阀　　D．气压表

7．（　　）以聚乙烯醇缩丁醛树脂为主要成膜物质。

A．醇酸底漆　　B．聚氨酯底漆

C．硝基底漆　　D．磷化底漆

8．打磨机多采用双作用打磨机，使用的砂纸粒度一般为（　　），打磨时所用气压一般为（　　）kPa。

A．80# ~ 180#　600 ~ 800　　B．80# ~ 120#　500 ~ 600

C．80# ~ 120#　600 ~ 700　　D．120# ~ 180#　600 ~ 700

9．车身表面涂覆涂料的主要目的是（　　）。

A．装饰　　B．显示特殊用途

C．保护　　D．防水

10．点修补是指车身划伤面积一般在（　　）cm^2 以内的涂装修补。

A．5　　B．10

C．15　　D．20

11．下列选项中，不属于汽车修补涂装产生的废弃物的是（　　）。

A．废涂料　　B．废溶剂

C．废机油　　D．废渣

12．调漆作业时通常使用（　　）保护呼吸系统。

A．防尘口罩　　B．滤筒式呼吸保护器

C．供气式呼吸保护器　　D．棉纱口罩

13．轿车涂层总体厚度一般控制在（　　）μm 左右。

A．80　　B．100

C．150　　D．200

14．下列选项中，不需要采用反向遮盖的场合是（　　）。

A．喷涂中涂底漆时　　B．小面积喷涂边缘的特征线时

C．板件中央小面积喷涂时　　D．块重涂时

15．金属漆喷涂达到（　　）μm 的膜厚即可完全遮盖底层。

A．10 ~ 20　　B．20 ~ 30

C．30 ~ 40　　D．40 ~ 50

16．在实际生产中涂料的最小用量为（　　）L。

A．0.1　　B．0.2

C．0.5　　D．1

17．颜色的三个属性是指（　　）。

A．色调、色彩和色相　　B．白度、明度和彩度

C．色度、纯度和饱和度　　D．色调、明度和饱和度

18．清漆的过滤一般使用（　　）目的过滤网。

A．80　　B．100

C．150　　　　D．180

19．正常的走枪速度为（　　）m/s。

A．0.5 ~ 0.6　　　　B．0.4 ~ 0.5

C．0.7 ~ 0.9　　　　D．1

20．下列选项中，受热后容易熔化，燃烧时火焰呈绿色或青色，有盐酸味的是（　　）塑料。

A．PP　　　　B．PVC

C．PU　　　　D．ABS

三、判断题（每题 1 分，共 10 分）

1．消除金属斑纹时，两次喷涂的时间间隔一般为 5 ~ 10 min。（　　）

2．增大涂料的稀释比例对慢干清漆纹理的调整不起作用。（　　）

3．水性漆修补涂装，其底漆一般选用溶剂型超快干无铬环氧底漆。（　　）

4．打磨流挂部位一般使用 800# 水磨砂纸配合硬质打磨垫块来进行。（　　）

5．在涂膜附着力等级中，七级的附着力最好。（　　）

6．涂膜表面反射光的强弱不但取决于涂膜表面的平滑或粗糙程度，还取决于涂膜表面对投射光的反射量和透过量。（　　）

7．返铜光是指局部或整个涂膜表面在阳光照射下呈现忽绿忽紫的色彩，这是涂膜耐候性差的表现之一。（　　）

8．为了确保新旧涂层的结合力，表面处理时旧涂层必须完全打掉。（　　）

9．调配好的磷化底漆必须在 24 h 内用完。（　　）

10．原子灰中的颜料以体质颜料为主要物质，配以少量的着色颜料。（　　）

四、简答题（共 40 分）

1．简述调色的基本原理。（6 分）

2．颜色三个属性的定义是什么？（6 分）

3. 喷漆房主要由哪些结构组成？有哪几种形式？（6分）

4. 原子灰刮涂前有哪些准备工作？（6分）

5. 使用空气喷枪时有哪些注意事项？（8分）

6. 简述选用面漆的基本步骤。（8分）

综合试卷（三）

一、填空题（每空 1 分，共 20 分）

1．补救涂膜缺陷时，清洗是为了除去面涂层的______________薄膜层、______________及其他异物。

2．涂膜开裂的类型有____________、浅裂纹、龟裂、鳄皮裂纹和____________等几种。

3．目前，测量涂膜光泽度的仪器有____________和____________两种。

4．抛光处理最好的时机是涂膜干燥程度为______%时，常温下涂膜一般在干燥______________天时最适合抛光。

5．VOC 是________有机化合物的英文缩写，所有________均可被视作 VOC。

6．面漆调色工具有涂料搅拌机、调色杯、____________、____________、试件样板、空气喷枪等。

7．使用含有大量__________的清漆，可以对新漆和旧漆之间的接口处进行____________。

8．黏度计的工作原理是以一定数量的涂料通过特制小孔流出的________来测量涂料的________。

9．金属漆主要由________、颜料、________、溶剂和分散剂等组成。

10．根据换气系统不同，喷漆房可分为___________________、___________________和下向通风喷漆房三种形式。

二、单项选择题（每题 1.5 分，共 30 分）

1．光泽计接通电源后需预热（　　）min。

A．5　　B．10

C．15　　D．20

2．在刮除涂膜流痕时，刮刀的刀口应该（　　）。

A．向左　　B．向上

C．向下　　D．向右

3．在进行涂膜耐冲击强度测试时，每次冲击点应相距（　　）mm 以上。

A．12　　B．15

C．17　　D．20

4．水性漆的储存温度应控制在（　　）℃，一般存放在专用温控柜中。

A．0 ~ 5　　B．5 ~ 15

C．15 ~ 25　　D．5 ~ 30

5．抗砂石撞击涂层的厚度一般为（　　）μm。

A．1 ~ 20　　B．20 ~ 40

C. 40 ~ 60　　D. 60 ~ 80

6. 整车面漆重涂时，如果选用重力式空气喷枪，喷枪口径一般为（　　）mm。

A. 0.8　　B. 1.6

C. 1.8　　D. 2.0

7. 羽状边的打磨宽度应在（　　）cm 以上。

A. 1　　B. 2

C. 3　　D. 4

8. 喷涂的速度越快，则涂膜产生的凸纹数越（　　），凸纹高度越（　　）。

A. 少　大　　B. 多　大

C. 少　小　　D. 多　小

9. 喷漆房的环境温度一般以（　　）℃最为合适。

A. 10 ~ 15　　B. 15 ~ 20

C. 20 ~ 25　　D. 25 ~ 30

10. 涂料配制的器具有（　　）。

A. 比例尺、黏度计　　B. 涂料杯、比例尺

C. 黏度计、涂料过滤网　　D. 涂料杯、比例尺、黏度计、涂料过滤网

11. 由于外部条件的影响导致颜色的变化称为（　　），解决颜色走色有效的方法是先喷样板，视觉比色后再根据具体情况进行调整。

A. 主色过暗　　B. 明度过高

C. 走色　　D. 无色

12. 调色时，需以主色和调整色先调出基本色调，再由浅入深地调整到需要的色调、明度及（　　）。

A. 灰度　　B. 色调

C. 饱和度　　D. 亮度

13. 在光线不足时，必须在（　　）下进行比色。

A. 日光灯　　B. 白炽灯

C. D65 光源　　D. A 光源

14. 丙烯酸树脂漆属于（　　）涂料。

A. 溶剂挥发干燥型　　B. 催化固化型

C. 热固化型　　D. 氧化固化型

15. 素色漆在涂装后具备良好的光泽度和鲜映性，在涂膜厚度达到（　　）μm 后即可显现完全的色调。

A. 10　　B. 20

C. 60　　D. 50

16. 遮盖纸有不同的宽度，其宽度范围为（　　）mm。

A. 65 ~ 600　　B. 76 ~ 900

C. 50 ~ 700　　D. 70 ~ 800

17. 进行湿打磨，当面漆是硝基类涂料时，要用（　　）水磨砂纸。

A. 500#　　B. 600#

C. 700#

D. 800#

18. 烤漆房内的空气由上至下均匀流动，流速一般为（　　）m/s。

A. 0.1 ~ 0.2

B. 0.2 ~ 0.3

C. 0.3 ~ 0.4

D. 0.4 ~ 0.5

19. 打磨底漆和旧涂膜时应选用（　　）砂纸。

A. 60# ~ 80#

B. 120# ~ 240#

C. 320# ~ 600#

D. 1 000# ~ 2 000#

20. 环氧原子灰一次刮涂厚度应小于（　　）mm。

A. 1

B. 0.5

C. 0.3

D. 0.8

三、判断题（每题 1 分，共 10 分）

1. 空气压缩机的自动控制装置包括压力开关和自动卸荷器两大元件。（　　）

2. 传统型空气喷枪涂料的利用率在 60% 以上。（　　）

3. 磷化底漆的调制比例为 4 : 1，即 4 份磷化液加 1 份底漆。（　　）

4. 涂装表面预处理应根据被涂物的用途、材质、要求和表面状况，采取与之相适应的处理方法。（　　）

5. 从来源分，树脂可分为天然树脂和合成树脂。（　　）

6. 一般情况下，涂膜损伤很小，损伤范围在 10 cm^2 以内或小凹坑的直径在 2.5 cm 范围内，采用点修补工艺。（　　）

7. 调漆作业无噪声，不需要佩戴耳塞。（　　）

8. 涂装工艺的合理性、先进性是获得优质涂层的必要条件，是降低生产成本、提高经济效益的先决条件。（　　）

9. 汽车外表的 90% 以上是涂装表面。（　　）

10. 防溶剂手套适用于刮涂、调色、喷涂等不直接与溶剂接触的场合。（　　）

四、简答题（共 40 分）

1. 底漆施工包括哪些基本工序？（6 分）

2．常见的空气喷枪有哪些类型？（6分）

3．什么是底漆？底漆的作用是什么？（6分）

4．汽车涂装有哪些基本要素？（6分）

5．什么是视觉比色？视觉比色有哪些注意事项？（8 分）

6．中涂底漆应具有哪些特性？（8 分）

综合试卷（四）

一、填空题（每空 1 分，共 20 分）

1. 已经固化了的涂料膜称为______________，由两层以上的涂膜组成的复合层称为__________。

2. 涂层的外观、________、________等的优劣是人们对汽车质量的直观评价。

3. 汽车涂装作业使用的呼吸保护器有________呼吸保护器、________呼吸保护器和防尘呼吸保护器三种。

4. 车身表面清洗常用的工具有__________、__________和标准洗车海绵等。

5. 按照施工方法不同，涂料可分为刷漆、________、烘干漆和________等。

6. 旧涂膜机械清除工具包括______________、______________和电动打磨机等。

7. 二道底漆具有良好的______________，但其______________较差。

8. 对于镀锌板等底材通常不用喷涂__________，直接喷涂__________即可。

9. 现在常用的原子灰树脂有________________和____________等。

10. 珍珠漆的种类大致可以分为____________和____________两种。

二、单项选择题（每题 1.5 分，共 30 分）

1. 在面漆表面上清除颗粒或消除打磨痕迹应选用（　　）砂纸。

A. 60# ~ 80#　　B. 120# ~ 240#

C. 320# ~ 600#　　D. 1 000# ~ 2 000#

2. 原子灰与原有漆层接合处要磨出（　　）。

A. 裸金属　　B. 砂痕

C. 凹坑　　D. 羽状边

3. 在中涂底漆中一般可以适量加入（　　）左右面漆的色母，以调配出与面漆基本相同的颜色，用于提高面漆的遮盖力，避免造成色差。

A. 10%　　B. 20%

C. 30%　　D. 40%

4. 进行中涂底漆喷涂时，喷涂距离选用（　　）mm，喷雾宽度全开。

A. 150 ~ 250　　B. 140 ~ 250

C. 150 ~ 260　　D. 170 ~ 250

5. 遮盖胶带的宽度范围为（　　）mm。

A. 10 ~ 50　　B. 6 ~ 50

C. 8 ~ 60　　D. 10 ~ 60

6. 考虑修补面漆的外观特性时，修补涂料应色彩鲜艳、光泽醒目、（　　）、丰满度及鲜映性好。

A．色差小　　B．色差大

C．耐候性好　　D．耐候性差

7．常用的比色样板的大小一般为（　　）。

A．50 mm × 60 mm　　B．80 mm × 100 mm

C．120 mm × 120 mm　　D．150 mm × 200 mm

8．在颜色的属性中，最容易分辨的属性是（　　）。

A．色调　　B．明度

C．饱和度　　D．以上都是

9．虽然各种色母的质量因颜色而异，但是一般一滴涂料的质量大约为（　　）g。

A．0.1　　B．0.04

C．0.03　　D．0.6

10．通常把（　　）称为物体的三原色。

A．红、黄、绿　　B．黄、绿、蓝

C．红、橙、蓝　　D．红、黄、蓝

11．配制比例为 4∶1∶1，其中“4”表示（　　）的份数。

A．固化剂　　B．涂料

C．稀释剂　　D．添加剂

12．修饰喷涂的主要目的是调整涂层表面的（　　）。

A．颜色和斑纹　　B．亮度和彩度

C．色调和平整度　　D．光泽和平整度

13．面漆喷涂结束后，须静置（　　）min，使涂膜中的溶剂挥发，以免产生涂膜缺陷。

A．10 ~ 20　　B．1 ~ 10

C．20 ~ 30　　D．30 ~ 40

14．（　　）喷的金属漆涂层，铝粉排列一致，从侧面看颜色显得（　　）一些。

A．干　　深　　B．湿　　浅

C．干　　浅　　D．湿　　深

15．为了防止接口部位侧面颜色变深，经常采用“底清漆法”，底清漆法是用（　　）的稀释剂稀释清漆。

A．25%　　B．50%

C．75%　　D．100% 或 200%

16．刚性零部件的处理，用干磨机干磨时，应选用（　　）砂纸。

A．80# ~ 120#　　B．120# ~ 150#

C．180# ~ 220#　　D．220# ~ 300#

17．水性漆的介电常数大，（　　）性好。

A．导电　　B．导热

C．导流　　D．湿润

18．常见的水性漆保温柜具有（　　）℃的温控功能。

A．0 ~ 20　　B．10 ~ 20

C. 0 ~ 30　　D. 10 ~ 30

19. 在手工抛光时，用（　　）抛光的面积要大于修理区域 3 ~ 5 倍。

A. 细蜡　　B. 粗蜡

C. 中粗蜡　　D. 小蜡

20. 如果板件表面的光泽度低于（　　），应选择 70% 的量程按钮。

A. 50%　　B. 60%

C. 70%　　D. 80%

三、判断题（每题 1 分，共 10 分）

1. 干粉灭火器适用于火源集中、泡沫容易堆积等场合的火灾扑救。（　　）
2. 颜料是白色或有色固体粉末，其溶于水及有机溶剂。（　　）
3. 溶剂的主要作用是溶解、稀释树脂。（　　）
4. 调制好的快干无铬环氧底漆必须在 4 h 之内用完。（　　）
5. 镀锌板可直接喷涂隔绝底漆。（　　）
6. 指导层未被磨去的部分就是原子灰表面的划痕和砂眼缺陷所在位置。（　　）
7. 空气过滤系统是喷漆房最重要的环保设施。（　　）
8. 中涂底漆应具良好的韧性、弹性和抗石击性。（　　）
9. 遮盖文字或标记时，应使用宽为 2 mm 或 4 mm 的胶带。（　　）
10. 亮度是指反射光线的能力。（　　）

四、简答题（共 40 分）

1. 常见的灭火方法有哪三种？（6 分）

2. 什么是目测评估？目测评估时应注意什么？（6 分）

3．简述涂料过滤的作用？（6分）

4．简述高红外加热固化原理及快速固化技术的特点。（6分）

5．喷涂前遮盖的注意事项有哪些？（8 分）

6．简述素色漆调色过程中导致颜色走色的原因和解决办法。（8 分）